正解のない時代に「実践できる子」を育てる

JN009260

教えない子育て

母学アカデミー学長
河村 京子 著

日本法令

はじめに

「子育ては科学」と聞いたら、あなたはどう感じますか？

「子育ては十人十色。理論で割り切れるものではない」

「そんな子育てをしたら、みんな同じロボットのようになってしまう」

　こんなふうに否定的に感じた方が多いのではないでしょうか。もしかしたら、

「そんな考え方は危険であり、暴挙である」

と怒りまで感じる方もいらっしゃるかもしれません。


　しかし、「育てたように子は育つ」という言葉があるように、子どもは親の考えや行動から大きな影響を受けて育ちます。例えば、「虐待は連鎖する」といわれます。子どもは親の教育を受けて育ちますから、虐待的な子育てをすれば、子どもはそれが当たり前と思って育ちます。そして自分が親になった時、誰にもいわれないのにやっぱり虐待的な子育てをしてしまうのです。

同じように、「思いやりのある子育て」をすれば思いやりのある子が育ち、「アカデミックな子育て」をすればアカデミックな子どもが育ちます。これは、まさしく科学ではありませんか。

ここまでで例を挙げたのは、「親から受け継いだ子育て」についてです。では、親から受け継いだ子育ては、１００％同じように子どもに伝わるのでしょうか。１００％伝わるのが科学でしょうか。いいえ、私はそうは思いません。「反面教師」という言葉があるように、自分自身が受けた教育に対して本人が反発すれば、正反対の教育をすることもできます。しかし、これも「納得できない教育を受けた」という事実がなければ、反面教師は存在しないわけです。そういったことも含めて、「子育ては科学」だと思うのです。

10人の親がいれば10通りの子育てがあります。そういう意味では、「子育ては十人十色」といえます。だからといって、「みんな違うのだから、人の子育てを参考にしても意味がない」ということではないのです。

子育てには原理原則があります。「虐待をしてはいけない」「子どもも1人の人間として対等に向き合う」「嘘をついてはいけない」など、当たり前と思えるようなことです。しかし、これらの原則をすべて完全に守っている親がいるでしょうか。「愛のムチ」「子どもは親の命令に従え」「鬼が来るよ」。こんな言葉や行動を1回もしたことのない親がいるでしょうか。これらは、全く科学的根拠がないと私は思っています。子どもに悪影響を与えることはあっても、よい影響を与えることはないのです。私はこんな非科学的な子育てを、未来ある子どもにしてほしくないのです。

ここまで読んで、もうこの本を閉じたくなった方もあるかもしれません。でも、ぜひ最後まで読んでいただきたいのです。

ここで、私の自己紹介と私自身の子育てについてお伝えしたいと思います。

私は山口県で生まれ育ち、「ザ・昭和の親」に育てられました。まさしく「愛のムチ」「子どもは親の命令に従え」「鬼が来るよ」という教育です。子どもながらに、「こんな子育ては間違っている」と、ずっと反発を覚えて育ちました。しかし、子どもですからどうすることもできず、甘んじて受け入れるしかなかったのです。子ども時代の私が、心にかたく誓ったのは、「私は将来子どもを産んだら、こんな親にはならない」ということです。その日から約20年後、私は結婚しました。母になるチャンスを得たのです。子どもの時の誓いは、ずっと胸に持ち続けていました。しかし、悲しいことに「ザ・昭和の子育て」しか知らない私は、子どもをどうやって育てたらよいのか見当もつかなかったのです。

知らないことは学べばいい、そう考えた私は近所の図書館に通うことになります。今だったら、ネットで検索すればたくさんの情報が得られますが、当時のわが家にはインターネットもなく本に頼るしかありませんでした。

毎週10冊の育児書、教育書を借り、読み漁りました。結婚後6年目に長男が生まれるまでの間、子育ての勉強を続け、２０００冊以上の育児書、教育書を読みました。その結果、私が得たのが、「子育ては科学である」という確信でした。

育児書によって、書いてある内容は正反対だったりもします。「子どもが嘘をついたら許してはいけません」という本もあれば、「許してあげるのが優しさです」という本もあります。そこだけを見ると、「いったいどうしたらよいの？」と迷ってしまいますが、２０００冊以上の本を読んでいると、根底に流れる原理原則は同じということに気づきました。

私が気づいた原理原則とは、「教えない子育て」です。つまり、「子どもに教え込むと自分では考えない子になる。教えない子育てをすると自分で考える子どもになる」ということです。これが「教えない子育てをしよう」と決心した瞬間です。

その後2男1女の子育てをして25年が経ちました。

徹底的に「教えない子育て」を貫いたことで、３人とも塾なしで大学まで進学しました。長男は東京大学へ、次男は京都大学へ、娘は中学3年からイギリス留学をしてロンドン大学へ進学していきました。学歴は子育ての最終実績ではありません。これから3人の子どもたちが、どういうふうに社会に羽ばたいていくのか、私にはわかりません。しかし、ただ一つだけいえることがあります。

３人とも「自分で考え、自分で目標を立て、自分で実践していく」ということです。うまくいくかどうかはわかりません。でもうまくいかなかった時、「社会が悪いから」「自分がダメな人間だから」と、社会や他人や自分のせいにはしないと確信していま す。「うまくいかなかったら、別の方法でチャレンジする」。そんな人間に育ってくれていると思っています。

「教えない子育て」に少し興味が出てきましたか。そうであればぜひ、頁をめくって、「教えない子育て」の本質を掴んでください。

母学《ははがく》アカデミー　河村京子

はじめに　1

第1章　こんな子どもになっていませんか？
～教える子育ての弊害～

1　「忘れ物ない？　ハンカチは？」　14
2　「お茶！」「ごはん！」と単語でしゃべる　16
3　忘れ物は「お母さんのせい」？　18
4　スーパーのお菓子売り場での攻防戦　20
5　「わかんない！」を連発する我が子　22

第2章　「教えない子育て」をすると子どもはこうなります

どうして「教えない子育て」が大切なのでしょう？　26
1　学校の準備をするのは誰？　29

2 宿題はいつやるの？ 31
3 ゲーム機はいらないと言う子 34
4 お人形のドレスは買うのではなく、作るもの 37
5 いじめを止める勇気 39

第3章 「教えない子育て」で身につけてほしい力

どうして教えてはいけないの？ 42
考える力
1 あえて教えない 45
2 子どもの「なぜなぜ攻撃」に対抗する 48
3 じっと考えている子どもを邪魔しない 51
4 尻拭いは自分でさせる 54
人と違うことを楽しむ力 57
1 真冬に半袖を認める 59

2 「他の人は?」と聞かない 62
3 まずは親がチャレンジ 66
4 迷ったらやってみる 68
5 人と同じになったら悔しがる 71
6 早くできたことを褒めるのではなく、個性を褒める 73
コミュニケーション力 75
1 初対面の人ばかりのに中に入れる 78
2 グループのリーダーになる 81
3 口角を上げて微笑む 84
4 意見が合わない時 86
5 自分から声をかける 90
受け入れる力 93
1 子どもの決断を尊重する 95
2 自分自身も相手(夫)も受け入れる 98
3 運命を受け入れる 101
4 自分の置かれた環境で最善を尽くす 106

第4章 教えることと、教えないこと

1 知識は教える、思考は教えない 110
2 WhatではなくHow 113
3 1日24時間が勉強 116
4 失敗するとわかっていても見守る 119
5 何もない空間を与える 122
6 何もない時間を与える 124
7 よいイメージを持つ 127

第5章 子育てのキモ

子育ての軸 132
1 生産と消費 135
2 心の財布 139

3 満月の法則 143
4 親ハンドル・子ハンドル 146
5 天井から子どもを見る 151
6 直球を投げない 154
7 チョコアイスの法則 157
8 天秤にかける 161
9 子育て中の親の役目 164
10 よじ登る子育てVS翼をつける子育て 167

第6章 「教えない子育て」を実践した親たちの声

「教えない子育て」を実践すると子どもはこうなります 170
1 我が子を信じて見守るだけで 173
2 考えることを楽しむ感覚 176
3 指しゃぶり、どうやって止めさせる？ 178

4 物怖じせずに、自分の考えていることを論理立てて話す幼稚園児 180
5 小刀で鉛筆を削る 182
6 0から新しいアイデアを作り出す 184
7 自分でサクサク進める 186
8 中学生の最大の反抗期対策 188

第7章 子どもになってほしい姿にまず親がなる

「子どもになってほしい姿にまず親がなる」ということ 192
1 一番先に一番前の席に座る 194
2 ホームとアウェイの対処法 196
3 継続する 200
おわりに 202

第1章

こんな子どもになっていませんか？

～教える子育ての弊害～

1 「忘れ物ない？　ハンカチは？」

「いってらっしゃい」

あなたは今、我が子を学校や幼稚園保育園に見送りました。

では今から3分前、あなたは我が子に何を言ったか覚えていますか？　もしかしてこんなことを言っていませんか？

「忘れ物はない？」

「ハンカチは持った？」

それに対して、お子さんはどう答えましたか。

「うん」

「……（無言）」

多分、真剣に答えたお子さんはいないでしょう。

もしお子さんが出かけた後、テーブルの上にハンカチが置いたままになっていたら、あなたは頭にくるはず。

「せっかくハンカチを持ったか確認してあげたのに、忘れていくなんて！」

こんなふうに感じてしまうでしょう。

どうしてお子さんは親のせっかくのアドバイスをちゃんと聞かないのでしょうか。聞き流してしまうのでしょうか。

もしかしたら、あなたが毎日毎日同じセリフを同じように伝え続けているからかもしれません。お子さんの耳にはまるでBGMのようにしか聞こえていないのかもしれません。お母さんが子どものためを思って毎朝確認してあげていることが、ただのBGMにしかなっていなかったとしたら、空しく思ってしまいます。

ではどうすれば、お母さんの注意が、お子さんにストレートに伝わるのでしょうか。そんな方法があれば、手に入れたいと思われるでしょう。

2 「お茶！」「ごはん！」と単語でしゃべる

暑い夏、子どもが外から走って帰るなり、

「お茶！」

こんなふうに言われたらあなたはどう対応しますか。

「暑かったわね。冷蔵庫に冷たい麦茶があるからすぐに出してあげますね」

こう答えるお母さんも多いでしょう。優しい良いお母さんのように思えます。

しかし、お子さんがそのまま成長していくとどうなるでしょうか。

高校生になった頃には、

「フロ、メシ、カネ」

としか言わなくなるかもしれません。我が子との会話が、たった3語の単語だけになってしまうなんて寂しすぎます。

でもそうなってしまったきっかけは、幼い頃の「お茶！」の言葉に、あなたがいそいそと用意してあげた冷たい麦茶だったのかもしれません。

今はまだ幼くかわいい我が子ですが、今から10年後の会話をぜひ想像してみてください。

日本には「慮る（おもんぱかる）」「気働き（きばたらき）」という、美しい習慣があります。特に女性は「気が利く」ということが美徳であり、幼い頃から相手の先回りをして、親切にすることをしつけられます。確かに大人の女性としては大切な習慣ではあるのですが、子育てであまりに親の気が利きすぎると、子どもは自分で何もする必要がなく、「王様」のようになってしまいます。

我が子を、自分で考え行動する人間に育てるためには、親の気働きはないほうがよいのかもしれません。

3 忘れ物は「お母さんのせい」？

我が子が学校や幼稚園保育園から帰るなり、

「今日、給食着が入っていなかった」

「お箸とコップがなかった」

と怒ってあなたに突っかかってきたら、どう反応しますか。

「自分で用意しなかったからでしょう」

と言っていませんか。

もしお子さんが毎日自分で用意しているとしたら、決してお母さんに突っかかったりはしません。

きっと毎日お母さんが用意をされているか、またはお子さんが用意したかどうかをチェックして用意していない場合に代わりにやってあげているのではないでしょうか。

「だって子どもに任せていたら忘れてしまうから私がやらなきゃ仕方がないのです」と言う声が聞こえてきそうです。

「誰の役目か」があいまいだと、うまくいかなかった時に責任の押しつけあいになります。子どもはお母さんのせいだと責めるし、お母さんは子どもがしっかりしていないからだと子どもを叱ります。

これではいつまでたっても子どもが自分で用意することにはなりません。

「子どもに任せていたら忘れてしまう」のではなくて、「自分がやらなかったらお母さんがやってくれる」と子ども自身が思っているからやらないのです。まるでいたちごっこのようです。

そんないたちごっこが、これから10年も15年も続くと思うとうんざりしませんか。

「お母さんのせい」と言われると、カチンとくると思います。子どもが潔く自分のミスを認め、反省するような対応を考えてみるとよいかもしれません。忘れ物自体はこれからもきっとなくならないでしょう。そうであるならば、忘れ物をなくすことを考えるより、忘れた時の対応を考えたほうが、心穏やかに過ごせる気がしませんか。

4 スーパーのお菓子売り場での攻防戦

私がスーパーに買い物に行くと、時々お菓子売り場のほうから地響きのような泣き声が聞こえてきます。近頃ではお菓子売り場に行くこともないのですが、そーっと覗いてみると案の定、床に寝転がって泣き叫ぶ子どもとそのそばで仁王立ちになっているお母さんの姿が見えます。

「お菓子は買わないって言っているでしょ（怒）」

「うわーん、買って（泣）」

子どもの声はどんどん大きくなり、周りのお客さんは苦笑いしながらチラチラ母子を見ています。

怒りながらも、周りの視線に気がついたお母さんは、だんだん声のトーンが下がります。

子どもはここぞとばかりに泣き声のボリュームをアップ。

「買って、買って！」

とうとう根負けしたお母さんが、

「じゃあ1つだけよ」

と言うやいなや子どもは飛び起きてお目当てのお菓子をしっかり握りしめます。一件落着……のように見えますが、本当に一件落着でしょうか。

確かにその場では解決したように思えます。しかし、その時子どもは何を学んでいるでしょうか。

「欲しいものは泣けば手に入る」ということを学んでいるのです。

幼稚園児・保育園児の今は、お菓子1個で解決しますが、小学生になればお菓子がゲームに、中学生になればスマホにエスカレートします。

親へのアプローチも、泣き落としから脅しや恫喝にエスカレートするかもしれません。

「たかがお菓子1個」と思うかもしれませんが、「されどお菓子1個」なのです。

5 「わかんない！」を連発する我が子

算数の宿題をやっている我が子が問題をチラッと見るなり、

「わかんない！」

簡単なパズルをやろうとした幼稚園児の我が子が、2、3個はめようとしただけで諦めてしまい、

「わかんない！」


そんな我が子の姿を見ると親としては情けなく、

「もっと一生懸命考えなさい」

「あなたならできるからもうちょっとがんばりなさい」

と励ましてはみるものの、子どもの「わかんない攻撃」に辟易としてしまいます。

生まれたばかりの赤ちゃんは諦めたりしません。おっぱいが欲しければもらえるまで泣き続け、オシメが濡れて気持ち悪ければかえてもらえるまで泣き続けます。

よちよち歩きの赤ちゃんは、何度転んでも立ち上がり歩き続けます。

たった数年前までは諦めることを知らず、「わかんない」という言葉も知らず、ただひたすらにがんばり続けていた我が子が、いつからすぐに諦めるようになってしまったのでしょうか。なぜすぐに「わかんない」と言うようになってしまったのでしょうか。

「あなたにはまだ無理だから」
「まだ小さいあなたには早いから」
もしかしたら、そんな言葉で諦めることを子どもに教えてきた結果かもしれません。

もちろん「チャレンジすること」と「危険や挫折」は背中あわせです。我が子を愛するばかりに「危険な目に合わせたくない」「挫折を味わわせたくない」と思ってしまうのは当然です。そんな親の愛情で子どもから危険や挫折を取り上げ、がんばることを諦めさせたのも親なのかもしれません。

ここまで、ご家庭や町中でよく見かけるお子さんの例をあげてきました。でも、お母さんの意識の違いでお子さんは大きく変わります。次の章では、そんなお子さんの例をお伝えしたいと思います。

第2章

「教えない子育て」をすると子どもはこうなります

どうして「教えない子育て」が大切なのでしょう？

私は「母学《ははがく》アカデミー」という子育てのための学校で、「教えない子育て」をお母さんたちにお伝えしています。

「子どもは何もわからないのだから、教えないとできないでしょう」

「教えないで待っているだけでは、いつまでたっても子どもはできるようにならないでしょう」

「何も教えないで好きなようにさせたら、子どもは怠け者になってしまうでしょう」

大人はそんなふうに思いがちですが、本当にそうでしょうか。

それらは「大人が上、子どもが下」という考えから来ているように思います。しかし、私はそうではないと思っています。大人でもできないことはたくさんあるし、経験していないことはできません。ただ先に生まれた分、経験値が少し高いだけなのではないでしょうか。

子どもと同じ立場に立って、同じ目線で育ち合うことが、子どもの能力を自由に伸ばすただ一つの方法だと信じています。

雨上がりの水たまり。水面がキラキラ輝いています。もし登園の途中にそんな水たまりを子どもが見つけたら、運動靴のままいきなり駆け出すでしょう。

「やめなさい！　靴が濡れたら困るでしょう」

と教えたくなるかもしれません。

水たまりに入って靴が濡れると困るということを、なぜ大人は知っていて、子どもは知らないのでしょうか。それは、大人は自分自身が子どもの時に靴が濡れて気持ち悪い思いをした経験があるから。子どもはまだ経験をしていないから、水たまりに飛び込もうとするのです。

もし親が子どもをつかまえて、子どもが水たまりに入るのをやめさせたとします。そうすると子どもの靴は濡れません。靴が濡れて気持ち悪い思いをすることもありません。でも子どもは「水たまりに運動靴で入ると、その日1日気持ち悪い思いをする羽目になる」という経験をする機会を奪われてしまいます。

それで次の雨の日も水たまりに飛び込もうとするのです。

それならば、「水たまりに入って運動靴が濡れたら困るでしょう」と口で教えて無理矢理やめさせるより、教えないで水たまりに入るのを見守って、その日1日気持ち悪い思いを経験させたほうが、子どもは学ぶことが多いでしょう。

まあ、子どもにとって靴が濡れて気持ち悪いことよりも、水たまりに入って遊ぶ快感のほうが大きいので、次の雨の日も水たまりに飛び込むでしょうが（笑）。

この章では、母学アカデミーで「教えない子育て」を実践した方々のお子さんたちが、どのように育っているかをご紹介したいと思います。

もしあなたが、

「こんな子どもたちのように我が子も育てたい」

と思われたのなら、どうぞその次の章も読み進めてください。具体的に、どのように育てれば教えなくても自分で考える子どもに育つかをお伝えいたします。

1 学校の準備をするのは誰？

「教えない子育て」を実践する前は、

「準備したの？　いつやるの？」

「今から」

……しばらくして、

「まだやってないじゃない！」

「今やろうと思ってたのに……」

という会話だったのに、「教えない子育て」を実践するようになってしばらくすると、いつの間にか学校の準備を自分でやるようになりました。今では寝るまでには自分で勝手に準備するようになったので、私が口を出す必要もなくなりました。

１番驚いたのは、ある日の夜、玄関に習字セットが置いてあったことです。私はて

っきり片付けないで置きっぱなしにしてあるのかと勘違いしました。息子に聞いてみると、

「明日、習字の授業があるから、忘れないように準備したんだよ。絶対忘れない置き場所はどこかなと考えたら、ここ（玄関）だったんだ」

我が息子ながらアッパレだと感心しました。


（小学3年生男子）


親は子どもに忘れ物をしてほしくはありません。だから、忘れ物のチェックをして、「忘れ物ない？　ハンカチは？　今日は習字があるんじゃない？」

としつこく確認してしまいます。でも、このように親が確認すればするほど子どもは、「自分が気をつけなくても、お母さんがチェックしてくれるから大丈夫」

と高をくくるようになってしまいます。教えない（チェックをしない）からこそ、子どもは緊張感をもって自分で用意するようになるのです。最初は勇気がいるでしょう。

「もし、私がチェックしないことで子どもが忘れ物をしたらどうしよう」

という考えが頭をよぎるかもしれません。でもそこで、教えない勇気をもってほしいのです。

2 宿題はいつやるの？

息子が小学校に入ってから、ずっと親子のバトルが続いていました。

「宿題はいったい、いつやるの？　まだやってないの？」

「今からやろうと思ってた」

「さっきからずっとそう言っていてまだやっていないじゃない（怒）」

「・・・・・・」

いったいいつになったら宿題を自分からやるようになるのだろうか、もしかしたらこの先もずっと私が怒り続けなければこの子は宿題もできない子なのだろうか、と夕方のバトルのたびに落ち込んでいました。

そんな息子が今では、

「今日は宿題が少ないから先にやってから遊びに行く」

「今日は公園にたくさん友達がいる日だから先に遊びに行ってくる」と自分で決めて、実行するようになりました。1年前、2年前の私にこう言ってあげたいです。

「教えない子育てをしたら、子どもは自分で宿題をするようになるよ」

（小学3年生男子）

親は、「学校から帰る」→「宿題をする」→「遊びに行く」の順番で行動してほしいと思っています。しかし子どもは、「学校から帰る」→「休む（おやつ）」→「遊びに行く」ことしか考えていません。「宿題」のことはすっぽり抜け落ちている子どもが大多数でしょう。

ここで大切なのは、「宿題はやらなくてはならないもの」と子どもが本心から思っているかどうかです。もし、子どもが「宿題はやるもの」と思っているのなら、親が子どもに宿題のことを言う必要はないのです。下手に口出しすると反発されます。口出しをせず見守っていれば、どこかのタイミングで子どもは宿題を自分でやります。親には親の理想がありますが、子どもには子どものスケジュールがあるのです。そこを無視して親の価値観「学校から帰ったらすぐに宿題をする」を押しつけると、子どものイザコザが増えるだけです。

ではもし、自分の子どもが「宿題はやらなくて平気」なタイプだったらどうしたらよいのでしょうか？

もしあなたのお子さんがそのタイプだったら、夕方の宿題を「やる、やらない」のバトルになる前にやっておくことがあります。親も子も機嫌のよい平和な時に、宿題について話し合いましょう。

我が家では、

「宿題をやると頭がよくなるんだよ」

「頭がよいと楽しいんだよ」

ということを折に触れて話し合っていました。子どもの頭の中には、

「宿題＝めんどくさい＝でも頭がよくなる＝楽しくなる」

という等式が刷り込まれていたようです。

「宿題をやることを教え込む」よりも、親も子も心が軽くなるのではないでしょうか。

3 ゲーム機はいらないと言う子

今や、小学生で持っていない子を探すほうが難しいくらい、多くの子どもが持っているゲーム機。親の大きな悩みの種でもあります。

与えたくはないけれど、みんなが持っているので我が子1人だけ持っていないと仲間外れになりそうで怖い。そして何より、子どもが欲しがって、毎日「ゲーム、ゲーム」とうるさい。いったいどうしたらよいのだろう……。

「教えない子育て」を実践してきた方のところでは、お子さんからこんな発言があったそうです。

我が家はゲーム機がありませんが、息子にゲーム機を欲しいと思うことはないのかと聞いたら、

「やりたいことがたくさんあって、ゲームをする時間がないからいらない」

と返ってきました。クラスのお友達のほとんどが持っているゲーム機をいらないと言ったことにびっくりしました。一瞬、私の頭の中で、

「大丈夫？　仲間外れにならない？」

と一抹の不安を覚えましたが、子どもの次の発言で私の不安はさっと消えました。

「僕はゲームよりももっとしたいことがあるんだ」

この言葉を聞いた時、私の胸いっぱいに嬉しい気持ちが広がりました。日々、自分で考えた遊びや創作、読書に忙しくしている。そして、ゲーム機を持っていなくてもたくさんの友達に囲まれて外で遊び回っている息子を誇らしく思いました。これは子どもに教え込んで受け身になってしまう子育てではなく、あえて教えることをせず見守ることで、自分で作り出すことの楽しみを覚えたおかげだと確信しています。


（小学３年生男子）

私には３人の子どもがいますが、小学生時代、ゲーム機は与えていませんでした。その頃からゲーム機を持っていない子はクラスの少数派でした。我が子たちも家では

積み木やボードゲームで遊んだり、図鑑を読んだり、子ども同士でクイズを出し合ったりして遊んでいて、ゲーム機を欲しがったことはありません。

内心では欲しかったのかもしれませんが、「ゲーム機がなければ生活できない」という感覚はなかったようです。

4 お人形のドレスは買うのではなく、作るもの

子どもはごっこ遊びやお人形遊びが大好きです。私も子どもの頃、お人形遊びが大好きでしたし、私の娘も大好きでした。私が子どもの時は、りかちゃん人形を持っていました。そしてお誕生日やクリスマスに、りかちゃんのドレスを買ってもらって嬉しかったのを覚えています。私自身は、買ってもらったドレスで満足して遊んでいましたが、「教えない子育て」をしたお母さんのお子さんはひと味違います。年中の女の子のお母さんからの報告です。

娘はお人形で遊ぶのが大好きです。そして、お世話をするためにお人形のドレスを欲しがるようになりました。親である私はお店で選ぶのが当然だと思っていたので、「お誕生日がきたら買おうね」

と約束しようと思っていました。しかし、娘の反応は私が思っていたものとは大きく違っていました。そしてそれは嬉しい誤算でした。なんとドレスを買ってほしいのではなく、自分で縫って作るための生地を買ってほしいというのです。

お店に連れて行くと、生地を自分で選び、フリルやレースもつけて自分でデザインすることを楽しんでいました。さすがに作るのには苦労していましたが、かわいいワンピースができあがりました。もちろん売っているドレスに比べれば貧弱なものですが、娘の目にはどんなお姫様のドレスよりも輝いているようでした。親の目から見ても、デザインをし、生地を選び、縫い上げる集中力は、大人にも勝るものでした。もし私が、

「お店で買ったほうがきれいなドレスが手に入るよ」

「まだ年中さんだからあなたには無理よ。お母さんが作ってあげる」

と言っていたら、娘の創造力は育たなかったと思います。

教えず、信じて、見守る。そんな子育てをしてきて本当によかったと思います。

（年中女子）

5 いじめを止める勇気

小学生の親御さんの心配ごとの中に、「いじめ問題」があります。

「我が子がいじめられるのではないだろうか」

「我が子がよそのお子さんをいじめる仲間に入ってしまうのではないだろうか」

いじめ問題は今やどんな子どもにも、いつ降りかかってくるかわからない身近な問題です。

「教え込む子育て」をしていると子どもはどんどん受け身になります。自分から意見を言ったり、表現したりすることが苦手になっていきます。自分から意見を言わない子どもはいじめのターゲットにもなりやすいのです。

「教えない子育て」は、子ども自身に考えさせる子育てです。子どもは自分の頭で考えるようになると、自分の意見を持ち発言するようになります。いじめに関しても、

「イヤだ！」

と言うことができれば、いじめられることは少なくなります。またいじめの現場を見た時に自分がどうすべきかを考えることができると、傍観者になることはなくなるのです。

うちの息子は今のところ、前に出るタイプではありません。しかし、やりたいことは自分の力で切り開く、強い意志を持った子に育っていると感じています。

あるお友達が、別のお友達を面白おかしくいじっていました。それを見て息子は、

「〇〇くんやめろよ、△△くんが嫌がっているだろ」

と場の雰囲気を壊すことなくスパッと伝えていました。

よく、いじめをやめさせようとすると、逆にいじめのターゲットになると言われますが、そんなことはものともせず、お友達の気持ちを察して行動できているのだと思います。

「この子はこれからも、人をいじめることも、いじめられることもないだろう」

そんな確信が持てたできごとでした。

（小学3年生男子）

第3章

「教えない子育て」で身につけてほしい力

どうして教えてはいけないの？

それでは、いよいよ「教えない子育て」についてお伝えしていきます。

子どもは何も知らない真っ白な状態で生まれてきます。もし親が何も教えなければ、生きていくことができません。だから「教えない子育て」といっても全く何も教えないということではないのです。

「教えること」と「教えないこと」を親がしっかりと判断して子育てをするということです。

私たちは「何でもていねいに教えてあげることが教育」と思いがちです。優しくていねいに辛抱強く子どもに教えるお母さんは、よいお母さんに見えます。しかし果たしてそれは正しいことでしょうか。

あなたの子育ての目標は何でしょうか？　高い学歴をつけてあげること？　将来た

くさんのお金が稼げるような仕事につけること？　一生ラクして働かずに生きていけるような生き方をすること？

多くのお母さんは「ＮＯ！」と言われることでしょう。私は今まで３０００人以上のお母さんとお話をしてきました。

「どんな大人になってほしいですか」

という質問の答えで一番多いのは、

「自分の好きなことで力を発揮してのびのびと人生を歩んでほしい」

ということです。「自分の好きなことで力を発揮する」ために、一番必要な力は、「考える力」だと思います。

「何でも教える子育て」の1番のデメリットは、子どもが受け身になってしまうことです。

「お母さんの言うことを素直に聞いて、そのとおりにすれば間違いがない」

子どもがそう思ってしまったら、自分で考えることをやめてしまいます。そうすると子どもに「考える力」は身につきません。

だからすべてを教えるのではなく、あえて「教えない」ことで子どもの考える力を育ててあげようというのが「教えない子育て」の本質なのです。

次の頁からは「教えない子育て」とはどのように子どもを育てることなのかを具体的にお伝えしていきます。

「教えない子育て」で子どもに身につけてほしい力は４つあります。

■考える力
■人と違うことを楽しむ力
■コミュニケーション力
■受け入れる力

これらは、子どもたちが国際化の中で身につけなくてはならない力だと確信しています。また、親にとっても必要な力です。私たち親世代が育った時代とは違う、新しい時代が来ています。自分の価値観だけで子育てをすると、どうしても古い時代の価値観を押しつけてしまうことになりかねません。

「新しい時代に必要な力」を頭に描きながら頁をめくってください。

考える力

1 あえて教えない

子どもとお風呂に入っている時、突然下からボコボコッと泡がわいてきました。どうやら子どもがオナラをしたようです。子どもは罪悪感などなく素朴に、

「どうしてオナラはお湯の下から上にのぼってくるの？」

「どうしてオナラは泡になるの？」

と質問してきます。あなたならどう答えますか？

「オナラは気体で、気体はお湯よりも軽いから上にのぼるのよ」

こういうふうに答えるのが正解かもしれません。でもそれを聞いた子どもは、

「ふーん、そうなんだ」

と言うだけでしょう。もちろん知識としてそれが頭に入るので、悪いことではありません。

では、「どうしてオナラは泡になるの?」にはどう答えますか。

科学を学んだ方なら答えられるかもしれませんが、大半のお母さんは「?」ではないでしょうか。私ももちろん「?」です。

「お母さんもわからないよ」

と答えるしかありません。または子どもと一緒に図鑑で調べたり、ネットで検索したりするのも近道かもしれません。


私だったら最初の質問も、2番目の質問も、

「なんでだろうね、どう思う?」

と答えます。子どもはわからないから質問しているのです。だからお母さんから「どう思う?」と聞かれても答えられないでしょう。でも**人間は質問をされると「考える」という作業を自動的にします**。そこが大事なのです。**「考える」という作業をする習慣がつくと、生活の中の小さな疑問に「考える」ことが日常になります**。これが「教えない子育て」の目的なのです。

その数日後（または数年後）に池の周りを散歩していて、池の中から泡が上がっているのを見かけたとします。その時に子どもは気づくはずです。

「水の中から泡がのぼるということは、オナラみたいなものに違いない」

そこに魚の姿が見えたら、子どもは「魚のオナラ」と思うかもしれないし、「魚が息をしているから」と思うかもしれません。この時に「オナラ＝息＝空気＝泡」ということに気づいたら、子どもの視界はぱっと開けるでしょう。これが「わかる」ということです。

親から「気体は水の下から上に泡になってのぼる」と教えられたことはただの知識として頭に入るだけです。しかし、２つの体験（お風呂のオナラと池の泡）が重なって自分自身で気づいたことは、ただの知識ではなく経験として体に染み込みます。

このように**「経験として体に染み込む」**ことが子どもにとっては何より大切な学びになるのです。だからこそ、「何でもていねいに教える」ではなく、「あえて教えない」ことを大事にしてほしいのです。

2 子どもの「なぜなぜ攻撃」に対抗する

子どもが3歳を過ぎる頃から「なぜなぜ攻撃」が始まります。

「どうして空は青いの？」

「どうして雨は空から降ってくるの？」

子どもから質問をされると、答えなくてはならないと必死になってしまうのが親というものです。でも、答えられる質問もあれば、答えられない質問もあります。

子どもの「なぜなぜ攻撃」が始まると、なぜか劣勢の戦いを強いられている気分になります。この劣勢の戦いを逆転するにはどうすればよいのでしょうか。

質問する側＝勝者、答える側＝敗者と考えると、劣勢を逆転するためには親が質問する側に回ればよいのです。言い方を変えると、親が子どもの質問に答えるということは「教えること」になります。子どもは教えれば教えるほど自分で考えることをしなくなりますから、**子どもに考えてほしければ、親が質問する側に回ればよいのです。**

そうすると子どもは自然に答える側に回りますから、自分の頭を使って必死に考えるようになります。

子「どうして空は青いの？」

母「どうしてだと思う？」

子「空の神様が青い絵の具を塗ったから」

母「どうして青い絵の具にしたのかな？」

子「青い色が好きだから」……続く。

よく「質問に質問で答えるのはよくないことだ」と言われます。確かに大人同士の会話で、質問に質問で答えるのは失礼にあたる場合もあると思います。しかし、「教えない子育て」の場合、質問に質問で答えることで「考える力」を育てるわけですので、子どもに対して失礼にあたることはありません。

子「どうして雨は空から降ってくるの？」

母「どうしてだと思う？」

子「雲の中で水が育って重たくなったからだと思う」

母「そう思うのね。では、雲の中でどうやって水が育つのだと思う?」

子「うーん、わからない」

母「わからないのね。ママは雲の中のお水同士がくっついてだんだん大きくなるのだと思うよ」

子「あ、僕はお水とお水が手をつなぐから大きくなるのだと思う」……続く。

こんなふうに、子どもが答えに詰まったら、さりげなくヒントを出してあげるとよいかもしれません。

子どもの答える内容が間違っていたり、とんちんかんだったりしても構わないのです。「考える」ということが大事なので、答えの内容にとらわれないことです。

もし子どもが明らかに間違っているときには、否定せず、

「あなたはそう思うのね」

とまずは共感してあげてください。お母さんと一緒の「なぜなぜごっこ遊び」は、きっとお子さんの中で楽しくて充実した時間になるでしょう。

そして自然に考える習慣が身につきます。

考える力

3 じっと考えている子どもを邪魔しない

大人にとって、「何もしない時間」は無駄な時間です。何も予定のない空白の時間ができると、ついそこに何か入れたくなります。

「この時間に、いつもはできない引き出しの整理をしよう」

「この時間に、夕ご飯の下ごしらえをしておこう」

本当は、大人にとっても、「何もしない時間」は必要な時間です。


温泉の露天風呂で、「はぁー」とのんびりお風呂につかっている時間に、ストレスから解放されていくのを感じたことがあるでしょう。

電車に乗ってぼんやりしている時、仕事のアイデアがふっと浮かぶ経験がある方もいらっしゃると思います。

究極の「何もしない時間」は寝ている時間です。寝ている間には何も生産しません。では、睡眠は無駄な時間でしょうか。そうではありません。人間は寝ないと生きていくことはできません。

それでは、何のために何もしない時間である睡眠があるのでしょうか。

人間は眠っている間に、体や頭の疲労が回復したり、頭の中の情報を整理したりしているそうです。だから十分な睡眠時間をとることは、絶対に必要なことなのです。睡眠不足のままの生活では、パフォーマンスを発揮することはできません。

では、子どもにとっての「何もしない時間」の役割は何でしょうか。

「ウチの子、いつもぼーっとしています」

「宿題の計算ドリルを終わらせるのに1時間もかかります。その間、一生懸命やっているふうでもなく、寝ているわけでもなく、どうしてさっさとできないのかイライラします」

確かに、子どもは大人よりも「何もしない時間」が多いように思います。また、ただ部屋の中を走り回ったり、その場でぐるぐる回って床に倒れこんだり、大人から見ると「意味のない行動」も多いです。

いったい何のために、そんな無駄（に見える）時間や行動をするのでしょうか。科学的なことは私にはわかりませんが、私はこう考えています。

子どもは成長中です。体も頭も心も毎日どんどん大きくなります。体や頭や心を成長させるためには、「食物」「運動」「経験」「考えること」「感動すること」が必要です。大人は運動をするために、わざわざ時間をとってジョギングをしたり、ジムに通ったりします。

でも子どもの体を大きくするためには、1日1時間だけの運動ではきっと足らないのです。だから1日中運動できるように、一見無駄に見える行動をするのだと思います。部屋の中を走り回って足腰を鍛え、ぐるぐる回って三半規管を鍛えているのです。

同じように子どもがぼーっとしているように見えるのは、何も考えていないわけではないのです。

何を考えているのか表現できないだけで、頭の中はフル活動しています。

もしお子さんがぼーっとしているように見えても、口を出すのはぐっと我慢して見守ってあげてください。

4 尻拭いは自分でさせる

「子どもには、やりたいことをやらせて、のびのび育てたい」

子育て中のお母さんからよく聞く言葉です。そして実際に、お子さんのやりたいことをのびのびとさせています。でも、お子さんが失敗をした場合、尻拭いは誰がしていますか。

今にも雨が降り出しそうな曇り空の朝。子どもが学校に出かける直前に、あなたはこう子どもに声をかけました。

「今日は雨の天気予報だから、傘を持っていきなさい」

そう言ったのにもかかわらず、子どもは、

「今降ってないから大丈夫！」

と走って学校へ行ってしまいました。ため息をつく母。

そして案の定、午後に雨が降り出しました。それもかなりの土砂降りです。あなたならどうしますか？

「自分で傘を持っていかない判断をしたのだから濡れて帰ればいい」と頭ではわかるでしょう。でも、かわいい我が子がびしょ濡れになって、とぼとぼ歩く姿を想像すると、いても立ってもいられなくなりませんか。

仕方なく学校まで傘を持って、お迎えに行きますか。それとも、びしょ濡れになって帰るお子さんを、家で待ちますか。

ここまで読んで、違和感を覚えた方もいらっしゃるでしょう。

「～♪雨雨降れ降れ母さんが、蛇の目でお迎えうれしいな♪～

こんな歌があるように、雨が降ったら傘を持ってお迎えに行くのが、母の愛というものである」

確かにそれも一理あります。しかし、子どもが決めた決断「傘を持っていかない」

の責任を取らせないと、子どもはどうなってしまうでしょうか。

「どうせ困った時にはお母さんが助けてくれるから、テキトーで大丈夫！」

子どもは、自然にこんなふうに考えるようになってしまいます。

将来、**「自分で責任を取れる大人」になるためには、子どもの時から責任を取る経験を積む**しかないのです。子どもへの愛は、びしょ濡れになって帰宅した我が子の体をバスタオルで拭いてあげることで満たしましょう。

人と違うことを楽しむ力

日本人の美徳である「和」。確かにみんな仲よく協力し合う様は日本の美徳です。しかし子育てにおいて、「和」を大事にしすぎるのは、子どもの成長にプラスにならないどころか、マイナスになるとさえ思います。

「和」とは「周りに気を配り、周りに合わせること」となりえます。誤解を恐れず言い換えると、「自分のやりたいことを抑えて、周りの人に従うこと」になります。果たしてそれで、人生の荒波を乗り越えていけるでしょうか。

確かに昔は、「和」を大切にすることで、みんなで仲よく生きていける時代でした。いったん会社に就職すると終身雇用制で守られ、年功序列制で自然とお給料も上がった時代です。

しかし、いったん就職したからといって、一生その会社に勤められる保証はどこにもありません。いくら自分を押し殺して周りに合わせても、年功序列で順番に出世するということもなくなりました。

これからの時代を生きる子どもたちに必要な力は、「自分で考え自分で切り開く力」です。「人とは違う自分」をアピールしないと、仕事で成功することは難しいでしょう。

そんな時代を生き抜く子どもを育てるためには、「人と違うことを楽しむ」ことを幼い時から教えていかなくてはなりません。昔とは異なる価値観を子どもに伝えるのは、並大抵のことではありません。だからこそ、親が「人と違うこと」を恐れることなく人との違いを楽しむ態度を、子どもに見せてあげてください。

この節では、日常生活の中でつい「皆と同じにしなさい」と言いそうな場面で、どうやって「人と違うことを楽しむ」のかを、具体的にお伝えしたいと思います。

人と違うことを楽しむ力

1 真冬に半袖を認める

あなたが小学生の時、クラスに1人くらいは真冬でも半袖の子がいませんでしたか。また、現在あなたのお子さんのクラスには、真冬でも半袖の子がいますか。

私の3人の子どもたちは、まさしくクラスで1人だけの「真冬でも半袖の子」でした。子どもたちが自分で決めて半袖で登校するのを、私は止めたことはありません。しかし、周りのお母さんたちや近所の方々からは奇異の目で見られていたようです。

「どうして長袖を着せないの？」

と非難めいたアドバイスをいただいたこともあります。

我が子たちが特に暑がりだったわけではないと思っています。大人になった我が子たちに、どうして小学生の時、真冬でも半袖で登校していたのかを聞いてみると、3

人とも口を揃えて、

「クラスの誰もやっていなかったから」

と答えました。小学生の時には、

「寒くないもん」

と言っていましたが、あれは虚勢だったことが判明（笑）。寒い思いをしてまで人と違ったことをしたいという心理は私には理解できませんが、人と違うことを恐れずあえてチャレンジしたことを褒めてやりたいと思います。


我が子が人とは違うことをしようとした時に、

「他の子はどうなの？」

と聞いてはいませんか。

我が子が人と同じことをしようとしない時に、

「みんながやっているのだから」

と言っていませんか。

将来、突出した力を発揮する大人になるためには、「人と違うことを楽しむ」勇気が必要です。そのためには、**子どもの時から「人と違うこと」を大人が認めて褒めることが必要**だと思うのです。子どもがやることそのものが正しいか正しくないかではなく、まずは「人と違うこと」を選んだ勇気を褒めてあげましょう。

ある小話で、日本人の気質に触れたものがあります。

タイタニック号が沈没する時、救命ボートが足らないので、男たちは船に残らなければならなかった。船に残る決断をさせるために日本人に有効な言葉かけは、

「男性はみんな船に残るそうです」

だったそう。

ちなみにアメリカ人には、

「船に残る人はヒーローです」

イギリス人には、

「紳士は船に残ります」

ドイツ人には、

「男性が船に残るのは規則です」

それぞれの国民性を的確に表していますね。

2 「他の人は？」と聞かない

数十年ぶりの同窓会。招待状が届いた時に、あなたが最初に考えることは何ですか。

「何を着ていこうかしら？」

多くの女性はまず初めに、着ていく洋服のことを考えるのではないでしょうか。実際にクローゼットを開けて、たくさんの洋服を出してみるでしょう。

「これは派手すぎるかしら」

「若作りって思われないかな」

「この洋服では老けて見えそう」

こんな時に洋服を選ぶ基準は、「自分が着たいかどうか」よりも「同級生からどう見られるか」ではないでしょうか。

数十年ぶりに会う同級生に、若く見られたい、輝いている自分を見せたい、と思うのは当然でしょう。

でも、「人に見られるため」という基準で選んだ洋服は、果たして着心地がよいでしょうか。本当の自分を表現できるでしょうか。

人からの評価は自分で作るものではなく、自分の内側から溢れ出るものだと思います。つまり、「自分で着たい服を着た結果、輝いて見える」のが理想です。これは言い換えると**「他人目線」「自分目線」**です。

自分目線で生きていると、生き生きと輝きます。

一方、他人目線で生きるのはいつも周りの目を気にするということですから、本当の自分を発揮することができません。

お母さんの思考パターンは子どもに自然に伝わりますから、もしあなたが他人目線であるならば、お子さんも「他人目線」になってしまう可能性が高いでしょう。

お子さんは日々たくさんの選択をしています。

学校に着ていく服、新しく買う筆箱、どこの学習塾へ通うか、誰と遊ぶかなど、自分が意識するしないは別にしても、毎日「選ぶ」という作業をしています。

そしてお子さんの選択に対して、お母さんは少なからずアドバイスをしていると思います。

「その服は学校に着ていくには派手じゃない？　クラスのみんなはどんな洋服を着ているの？」

「その筆箱はかっこいいけれど、クラスで1人変わった筆箱を持ってって目立ちすぎない？」

「今度通う塾にはクラスのお友達はいるの？　いないの？」

そのアドバイスは、「お子さんのため」だけを考えていますか。もしかしたら、「みんなから外れていないかどうか」をチェックしているだけではないですか。

そんなちょっとしたアドバイスで、親の「他人目線」が子どもに伝わってしまうとしたら残念なことだと思います。

将来お子さんに、「リーダーとなって活躍してほしい」「社会貢献をしてほしい」のであれば、「他人目線」の大人にしてはいけません。「自分目線」で判断ができる大人に育ってもらわなくてはならないのです。そのためには、「人と違うことを恐れない」ことが大切です。

お母さんの思考パターンは知らず知らずのうちにお子さんに伝わります。だからお母さん自身が、しっかりとした「自分目線」を持つことを意識しましょう。

まずは同窓会の案内状が届いたら、「自分の着たい服」を選ぶことから始めてはどうでしょうか。たとえそれが他の人と大きく違っていたとしても、それを楽しめる自分でいましょう。

3 まずは親がチャレンジ

あなたはお子さんが将来大学生や社会人になった時、授業や会議で積極的に発言してほしいですか。それとも、教室や会議室の隅で当てられないようにずっと下を向いていてほしいですか。多くのお母さん（いや、すべてのお母さん）は、我が子に積極的に発言してほしいと思っています。

前の項で、「お母さんの思考パターンは自然に子どもに伝わる」とお伝えしました。今回も同じことがいえます。もしお子さんに積極的に発言してほしいのならば、まずはお母さんが積極的に発言する姿を見せましょう。

例えば、子どもが新学年を迎えた最初の保護者会、新しい担任の先生から、

「自己紹介をしていただきます。最初にしたい方いらっしゃいますか」

と言われた時、あなたはすぐに手を挙げますか。それとも先生と目が合わないように

そっと下を向きますか。その姿がお子さんの10年後の姿だと思ってください。

私はどなたかの講演会に参加する時には、時間前になるべく早く行って一番前の真ん中の席に座ります。

講演会の最後に、「質問のある方はいらっしゃいますか」と言われるやいなや、手を挙げることにしています。その時にはまだ質問内容も決まっていない状態で（笑）。

その講演会に子どもは参加していないので、子どもがそんな私の姿を見ることはありません。しかし、そんな親の思考パターンは子どもにしっかりと伝わります。

娘の大学の授業は、２００人以上の大教室で行われるそうです。

「そんなに大きな教室だったら、黒板の字が見えないいんじゃゃない？」

と聞くと、

「私はいつも1番前の1番真ん中に座るから見えるよ」

という返事で、やっぱり親の思考パターンは自然に伝わっているのだなと感じました。

自分が一番初めに手を挙げるチャンスは、生活や仕事や人づきあいの中でたくさんあります。一瞬下を向きたくなりますが、**「我が子が積極的に発言している姿」**をイメージして、勇気を出して手を挙げてみましょう。

4 迷ったらやってみる

今から40年近く前、私が大学生の時の話です。大学生活を満喫していた私は、それなりにおしゃれも楽しんでいました。でもお金はそんなにない。だから洋服を買う時には、吟味に吟味を重ねていました。

ある時、ショッピングに行ったお店で素敵なワンピースを見つけました。

「素敵だけどちょっと高い、他を探したらもっと素敵なのがあるかも」

そう思って街を歩き回りました。少し離れたお店で、よく似たワンピースを見つけました。

「値段は安いけれど、最初に見つけたワンピースよりちょっと見劣りするかな」

そう考えるとすぐに決められず、2つのお店を何度も行き来して悩みました。結局、その日は決められず、くたびれ果てて下宿に戻りました。

夜中中考えて、やっぱり最初に気に入ったワンピースに決定。でも次の日も次の日も学校があったので、やっと買いに行けたのは3日後でした。そして、その時にはすでに売り切れていたのです。

その時の絶望感は、今でもはっきり覚えています。こんな経験、きっと誰でもしているのではないでしょうか。

このような行動を、「ビュリダンのロバ」というそうです。心理学でよく使われる寓話です。飢えと渇きに苦しんでいるロバが、分かれ道に立っています。双方の道の先には、同じ距離、同じ量の干草が置かれている時、ロバはどちらにも行くことができず、ついに餓死してしまうという話です。笑い話のようですが、多くの人がそんな経験をしています。

例えば、幼稚園・保育園（学校）選び。のびのび園もよいけれど、英語を教えてくれる園も捨てがたい。

どっちにしよう、どっちにしようと迷っているうちに、どんどん時間だけが過ぎていく……。

やっとのびのび園に決めて入園したとしても、

「近所のAちゃんはもう英語がしゃべれる」

と聞くと、後悔の嵐でしょう。

「英語園にしておけばよかった（後悔）」

その逆も然りです。人間の選択に完璧はありません。だからのびのび園にしても英語園にしても、入園すると不満は出てきます。その時に、自分の選択が間違っていたと思ってしまうと落ち込みます。

「どんな選択をしてもマイナス面はあるのだから仕方がない」と割り切ることも大事です。

「迷ったらまずはやってみる」。こんな思考パターンを身につけることで、成功体験は劇的に増えます。成功体験を積み重ねることこそ、成長につながるのです。

お子さんも日々の生活の中で、迷うことはたくさんあるでしょう。そんな時、軽やかに背中を押してあげられるお母さんでいてください。

人と違うことを楽しむ力

5 人と同じになったら悔しがる

日本では毎年洋服の流行が変わります。「今年のトレンドは○○」「今年の秋の流行色は△△」。こんな文字や写真が雑誌やネットに掲載されると、あっという間に町中に○○や△△があふれかえります。

「これは芸能人の□□さんと同じバッグよ」

こんな自慢話を聞いたことがあるでしょう。こんなに流行を意識するのは日本特有の考え方のように思います。それは、「和」を大切にする日本の文化の表れなのかもしれません。

しかし、この本を読んでくださっているあなたは、お子さんが将来、「みんなと同じ」で満足してほしくはないと思っていらっしゃることでしょう。それならば、子育て中に**「人と同じになったら悔しがる」くらいの価値観を持たせてあげてください。**

テレビで「笑点」という番組があります。「大喜利」のコーナーでは落語家さんたちが、司会者から出されたお題に対して、トンチの効いた回答をします。面白ければ座布団がもらえ、面白くなければ座布団が没収されます。もしあの番組の中で、

「夏とかけてお湯と解く、その心は……」

と落語家さんが発表したら、その方が答えを言う前に、横から「あつい！」と横槍が入るでしょう。あまりにもありふれているからです。（そんな陳腐な発言をする落語家さんはいらっしゃらないとは思いますが）もしそんな状況になったら、その落語家さんは悔しくて落ち込むことでしょう。

お笑いの世界は「人と同じになったら負け」の世界です。我が子が将来お笑いの世界に入るかどうかは別として、「人と同じになったら負け」の精神は見習う価値があると思います。

人と違うことを楽しむ力

6 早くできたことを褒めるのではなく、個性を褒める

子どもがお手伝いをしてくれた時、親は感謝します。お礼の言葉を伝える時にどのように言っていますか。

「ありがとう。早くできたね」

もし、あなたがこのように伝えたら、お子さんは次にはもっと早くできるよう努力をするでしょう。例えば、お子さんが夕ご飯のサラダを作ってくれた時に、

「ありがとう。早くできたね」

と伝えたら、次の機会に作るサラダは、レタスをちぎってトマトを切ってのせるだけのものになるかもしれません。

もし、あなたが、

「ありがとう。とっても手の込んだサラダができたね」

と伝えたら、次にはゆで卵を花形に切り、カリカリベーコンをのせ、手作りのオリジナルドレッシングのサラダが出てくるかもしれません。

子どもは、親の言葉に敏感です。そして親に褒めてもらいたい、喜んでもらいたいと望んでいます。だから、**あなたが何気なく口にする言葉が、子どもの思考に影響を与えます**。「早くできる」ことが大事なのか、「オリジナリティ」が大事なのか、しっかりと考えてみてください。


口癖は、案外自分では気がつかないものです。「早く早く」「ちゃんと」「とりあえず」「適当に」。そんな自分が意識していない言葉も、子どもの心には深く刺さります。

私自身、「とりあえず」という言葉は決して使わないことにしています。

「とりあえずビール！」

と居酒屋で聞いたりしますが、

「そんなにいい加減に決めないで、自分の飲みたいものを真剣に考えたらいいのに」

と心の中でツッコミを入れています（笑）。

コミュニケーション力

私たちの多くは、子どもの頃から、「控えめにしなさい」「目立たないようにしなさい」と言われて育ってきました。日本の中だけで生きていくならば、それが人とのつきあい方としてよいのかもしれません。しかし、今は国際化の時代です。我が子たちが大人になった時には、たとえ日本に住んでいたとしても、会社の中で外国の方々と働くことが普通になっているでしょう。

日本人にとって、「控え目」ということは美徳ですが、外国人とのコミュニケーションにおいてはマイナスに働きます。**自分の意見を言わない人は「何も考えていない人」、発言さえしない人は「存在しない人」として扱われます。**これからどんどん増えていく外国人とのコミュニケーションで困らない大人に育てるためには、子育ての中で、「コミュニケーション力」を育むことが必須となります。

我が家では、子どもたちが小さい時から外国人のホームステイを受け入れていました。アメリカの高校生のホームステイを受け入れていた時のことです。交換留学生たちのパーティーがありました。

そのホームステイは交換留学だったので、アメリカへ行く日本人高校生5人と、日本に来たアメリカ人高校生5人が、それぞれ前に出て出し物を披露してくれました。

高校生といえば、人前に出るのが恥ずかしいと感じるお年頃です。100名以上の大人たちの前で出し物をするのは、とても勇気が必要だったのでしょう。日本人高校生5人は、固まって歌を歌ってくれました。みんなうつむいて小さな声で歌うので、伴奏の音楽が響くばかり。

一方、アメリカ人高校生5人は、ダンスを披露してくれました。お尻を大きく振りながら、変顔をして皆を笑わせます。私もお腹がよじれるほど笑いました。

この時に私は、日本人とアメリカ人のコミュニケーション力の違いを痛感しました。日本人は「恥ずかしい」気持ちが自分に向かい、アメリカ人は「喜ばせたい」気持ちが相手に向かっていたのです。どちらの出し物が歓迎されたかは言うまでもないでしょう。

そのパーティーの時、我が子たちはまだ幼い子どもでしたが、私は我が子たちに「コミュニケーション力」をつけさせることを心に誓いました。

次の頁から具体的に「どのようにコミュニケーション力を身につけさせるか」を、お伝えしたいと思います。

1 初対面の人ばかりのに中に入れる

コミュニケーションには、「身内のコミュニケーション」と「初対面の人とのコミュニケーション」があります。多くの人は、「身内のコミュニケーション」に問題は感じないでしょう。家族や仲間内では、自分をさらけ出して楽しく会話をすることができます。

しかし、「初対面の人とのコミュニケーション」に苦手意識を持つ人は多いでしょう。いわゆる人見知りです。

初めて会う人は、敵なのか味方なのかがはっきりしません。それで警戒心を持ってしまうのです。それが人見知りの仕組みです。赤ちゃんは生まれて数カ月経つと、お母さんとの信頼関係を結びます。だからこそ、信頼関係のできていないお母さん以外の人に対して人見知りをしてしまうのです。

昔であれば、兄弟も多く、親戚や近所づきあいも盛んで、子どもはたくさんの人たちと触れ合っていました。しかし現代では一人っ子も多く、親戚とは1年に1度会うか会わないか、近所づきあいもほとんどなく、お母さんのワンオペ育児が続いている家庭が多いのです。そうすると子どもは、家族以外の人と触れ合う機会が、昔に比べてとても少なくなります。最近はコミュニケーション力の低いお子さんが増えているといわれますが、仕方のないことかもしれません。

そんな現代の環境で、子どもに「コミュニケーション力」をつけるためには、**親が努力をして人と会う機会を作らなくてはなりません。**

お子さんが赤ちゃんのうちは、お母さんが公園に連れて行く、散歩をする、ということで知らない人に会う機会を増やすことができます。お母さん自身が公園で初めて会う子どもやお母さんに、「こんにちは」と自分から声をかけることで、お子さんに「この人たちは敵ではない」ということを教えてあげてください。

お子さんが年少さんになれば、親子でイベントに参加することもできるようになります。自然体験のイベント、科学のイベント、お料理のイベントなど、お子さんの興味のありそうなイベントを探してあげましょう。何度か参加するうちに、初対面の人と打ち解けることがすんなりできるようになります。

大事なのは、お母さんが積極的に周りの初対面の人たちに声をかけることです。先に自分が自己紹介をすることで、相手も心を開いて打ち解けるでしょう。

小学生になれば、1人でイベントやキャンプに参加もできます。キャンプの準備を1人ですることで、段取りやスケジュール管理なども身につきます。最初は心細くても、2泊3日のキャンプを一緒に過ごすとすっかり友達になれます。そんな機会を積み重ねることで、子どもはコミュニケーション力と自立を身につけていくのです。

我が子たちは、そんなふうに初対面の出会いを積み重ねました。その結果、息子たちは12歳で全寮制の学校に進学し、娘は15歳で単身イギリス留学に飛び立ちました。ホームシックもコミュニケーションのいざこざもなかったようで、親としてはかえって拍子抜けしたくらいです。

コミュニケーション力

2 グループのリーダーになる

何かを成し遂げる時、１人でできることもあれば、仲間と力を合わせなければできないこともあります。千羽鶴を折る時、１人なら１０００羽も折らなければなりませんが、10人なら１人１００羽、１００人なら１人10羽です。仲間と協力することがどんなに大事かわかります。

しかし、仲間と協力する時に欠かせないものがあります。リーダーの存在です。１人で千羽鶴を折るならば、大きさも色も自分のイメージどおりにできあがるでしょう。2人で手分けして折るならば、話し合いながらできるでしょう。でも10人で折る場合には、意思の疎通がうまくいかず、１人くらいは勘違いをして違う大きさや色の鶴を折ってしまうかもしれません。１００人になると連絡網を作らないと、てんでバラバラの鶴になってしまうでしょう。

仲間の人数が多くなればなるほど、リーダーの存在と能力が問われることになります。今この本を読んでいるあなたは、我が子を「未来のリーダー」にしたいと思って子育てをしていらっしゃることでしょう。

しかし、もし今のあなたの子育てが「教える子育て」であれば、お子さんがリーダーになることは難しくなります。なぜならばリーダーシップとは、自分で考え、皆をまとめ、目標に向かって見えない道を進むことだからです。

「教える子育て」とは、親がゴールを設定してあげることです。ゴールまでの道筋を親が教えてあげ、子どもがその道の上を早く正確に歩けるようにすることです。「教える子育て」で育った子どもは、ゴールを設定されれば早く正確に到達することは得意でしょう。しかし、自分でゴールを設定すること、ゴールまでの道筋を自分で作ること、これらは「教える子育て」で育むには限界があります。

「教えない子育て」とは、自分でゴールを設定し、ゴールまでの道筋を自分で作り、道なき道を進むことです。無駄な動きや無駄な時間を過ごすことになるかもしれません。でも、自分で考え行動してゴールに到達したときの喜びは、何ものにも代えがたいほど大きいでしょう。

我が子たちが幼稚園の時から我が家では毎週土曜日の朝、家族会議をしました。毎週議長は変わります。議長が議題を選び、議事進行をします。

議題は、「お風呂に入る順番」だったり、「ご飯とお風呂はどちらを先にするか」だったり、取るに足らないことです。また議長が話を進めようとしても、他の兄弟が邪魔することもあります。最後は大喧嘩になったことも多々あります（笑）。

大事なのは、「リーダー体験をする」ということですから、会議の内容や進め方がダメダメでも大目に見ていました。こんなに小さな家族会議でも、子どもたちにとっては立派なリーダー体験です。その後の小学校や中学校でのリーダーとしての振る舞いを学んだといっても過言ではありません。

親が家庭内のルールを決めて子どもたちに従わせることは簡単です。しかしそれでは、子どもは「従う存在」にしかなりません。お子さんを将来リーダーとして育てたいのであれば、ぜひお子さんをリーダーとして家族会議を開いてみてください。

コミュニケーション力

3 口角を上げて微笑む

コミュニケーション力の基本は、「相手は敵ではない、味方である」という認識です。前の頁にも書きましたが、人見知りというのは、相手が敵か味方かわからない状態だからこそ起こることです。もし、自分が相手のことを「敵だ」と思ってしまったら、その瞬間に相手はこちらを敵だと認定するでしょう。「相手は自分の鏡」といわれますが、そのとおりだと思います。

初対面の人と打ち解けるために大事なことは、会った瞬間に「敵ではない」と認識してもらうことです。そのために最も有効なのが「笑顔」です。初対面で緊張するのは当然です。しかし、緊張すると顔は引きつります。目は鋭くなり、口角が下がります。その顔は、自分で鏡を見たくないほどです。

普段、鏡を見て自分の顔をチェックする時、無意識のうちに口角を上げて微笑む顔を作っているはずです。だから、自分の顔が微笑んでいる顔だと思い込んでいる人が、思いのほか多いのです。街角を歩いていて、ショーウインドーのガラスに映ったちょっと怖い顔のおばさんと思ったら、自分だったという経験をしたことはありませんか。私はあります（笑）。

あれが自分の本来の顔です。緊張するとより怖い顔になります。だからこそ、初対面の人に会った時には、意識して口角を上げ微笑むようにしましょう。

散歩で誰かとすれ違う時、エレベーターで乗り合わせた時、たとえ知らない人だったとしても、にっこりと微笑んでみてください。その場の空気が一瞬にしてなごむのを感じるでしょう。相手がつられて微笑んだら大成功です。

「自分がその場の空気を作っている」という意識を持てば、自然に微笑みが出るようになります。

お子さんが一緒にいる時でもいない時でも同じように微笑みを作っていると、自然に眉間のシワもなくなっていくかもしれません。

コミュニケーション力

4 意見が合わない時

ママ友とランチの約束がありました。イタリアンを食べに行く約束をして、楽しみに待っていたとします。でも、当日になってそのママ友が、

「やっぱり中華が食べたい。ラーメン食べに行こう」

と言ったら、あなたはどうしますか。

「イタリアン食べるって約束したのだから、イタリアンにしましょう」

と自分の意見を主張しますか。それとも、

「そうね、中華にしましょうか」

と自分の希望は抑えて同意しますか。

前者であれば、相手の性格によっては喧嘩になってしまうかもしれません。後者であれば、丸く収まりますが自分の中にストレスがたまるでしょう。

自分と相手の意見が違う時に、上手にすり合わせて着地点を探るのが上手なコミュニケーションだと思います。相手が自分とは違う意見を述べた時、つい正面から反対したくなります。しかし正面から反対すると、相手は反対されたことに傷つきます。場合によっては攻撃をしてきます。どんな場面でも、正面から反対意見を述べるのは避けたほうがよいようです。

では、いったいどうすればよいのでしょうか。そんな時は、まず「共感」することです。

「突然ラーメンが食べたくなる時ってあるよね」

こんなふうに共感をすると、相手は心を開いてくれます。その後で、自分の意見を述べるのです。

「私はイタリアンに決まった時から、とても楽しみにしていたの」

そうやって相手の反応を見てみましょう。そうすれば、お互いケンカ腰になることはないでしょう。

大人同士であれば、このように円滑に丸く収めることもできますが、相手が我が子となるとなかなかうまくいかないことが多いかもしれません。

朝、「夕ご飯は何がいい？」と聞いた時に、子どもが、

「ハンバーグがいい！」

と言ったので、ハンバーグの材料を買い、用意していたとします。

夕方になって子どもが、

「やっぱりオムライスがいい！」

と言い出したら、カチンときませんか。当然だと思います。しかし、その時の第一声が大事なのです。

「朝、ハンバーグがいいって言ったじゃない。だから材料用意して準備しているのに、今さら変えられないよ」

と正面から反対したら、今度は子どもがカチンときます。そして、泣き出したり怒り出したりするでしょう。そんな姿を見ると、こちらも怒りがどんどん大きくなります。そうならないためにも、「共感」が大切なのです。

たとえ我が子であっても別人格の人間です。真正面から反対されると戦いモードに入ってしまいます。だからまずは共感してあげましょう。

「オムライスもおいしそうね。でも、もうハンバーグの材料を揃えてしまったのだけ

ど、どうしようかしら」
と困った顔で言えば、子どももはっと気づいてくれるかもしれません。そんな「共感」の会話を親子の間でいつもしていると、子どもは親に反抗する必要がなくなります。

子どもが思春期に差し掛かった時、反抗期がやってきます。反抗期は、それまでの子育ての結果がそのまま出ます。子どもの意見にいつも正面から反対していると、子どもは怒りを抱えたまま育ちますから、反抗期に入って体の大きさや頭のよさが親と対等になった時、一気に爆発させるのです。お子さんがまだ思春期に入っていない親子であれば、今のコミュニケーションを変えることで、反抗期のトラブルを丸く収めることができます。

親が「共感のコミュニケーション」の方法を身につけると、子どもにも自然に伝わります。そして共感のコミュケーション力を身につけたお子さんは、大人になった時誰とでも話が合わせられ、自分もストレスをためないコミュニケーションができるようになるでしょう。

コミュニケーション力

5 自分から声をかける

私にとってははるか昔のことですが、公園デビューの日。やっとよちよち歩きができるようになった我が子の手を引いて、近所の公園に行きました。青空の広がる春の日、公園ではたくさんの子どもたちやお母さんたちが遊んでいます。

私は、我が子が公園で楽しくお友達と遊ぶ姿をイメージしながら公園に入りました。そして、私自身もお母さんたちと仲よくおしゃべりできることを夢見て公園を見渡します。しばらくは子どもにつきあって、砂場で遊んだりブランコを漕いだり。そうするうちに、我が子は砂場が気に入って1人で遊び始めました。

そっとその場を離れて、お母さんたちがおしゃべりしてるほうに近づきました。その時気づいたのです。お母さんたちはいくつかのグループに分かれ、楽しそうに喋っています。新参者の私がそこにいることが目に入っていないようです。

今の私なら躊躇することなく、「こんにちは！」と声をかけて仲間に入るところですが、新米ママだったその頃、全く初対面の人に自分から声をかけるのはハードルが高く、近くのベンチに1人腰かけました。ちらちらとお母さんたちに視線を送りながら、「こっちを見て見て」光線を出しながら（笑）。

いくら待っていても誰も気づいてくれない。私の存在が空気のようなもの？ そこでようやく覚悟を決めて、お母さんたちのグループに近づきました。赤ちゃんを抱っこしているお母さんに笑顔を向けながら、

「何カ月ですか？ かわいいですね」

と声をかけると、そのお母さんは笑顔で、

「8カ月なんですよ」

と答えてくださいました。それからはお互いの子どものことを話し、すっかり打ち解けました。

その時私が学んだのは、「待っていてもチャンスはやってこない。自分から声をかけないと友達はできない」ということです。しかし、一度自分から声をかけて成功体

験を味わうと、その次からは自然に声がかけられるようになりました。確かに、なかにはこちらから声をかけても、無愛想に返事をするだけで話が弾まない人もいます。そんな時には「共通の話題」を出すと、話が通じるということにも気づきました。

「うちの子、食が細くて困ってるんです」

「最近、言うことを聞かなくて。イヤイヤ期でしょうか？」

子どもに関する一般的な悩み相談をすると、どれかが当てはまるようで、一つ話が噛み合うとそれからはスムーズにいきます。

我が子は砂場で一生懸命遊んでいますから、私のやりとりは見ていないかもしれませんが、親の思考パターンは伝わります。いつの間にか、我が子も初めて砂場で会ったお友達と一緒にお山を作っていました。

友達が欲しければ自分から声をかける、協力をしてほしければ自分からお願いする、基本的なことですがなかなか勇気がいることでもあります。親がそんなお手本を見せ続けることで、子どもも「自分から声をかける」ということが、自然にできるようになります。

受け入れる力

「努力をすれば報われる」

私たちはこんなふうに教育されて育ちました。言い換えると、

「報われないのは、努力が足りないからだ」

ということになります。この呪縛で、あなたは苦しんでいませんか。私は人生のある時点まで、ずっと苦しんでいました。

「うまくいかないのは、努力が足りない自分のせい」

この考え方は本当に正しいのでしょうか。


甲子園出場できない高校球児は、努力が足りないのでしょうか。私は決してそんなことはないと思います。甲子園出場の枠に対してその何倍もの高校があるのですから、

出場できない高校のほうが圧倒的に多いのです。本当の成果を掴み取るには、「努力＋運」が必要なのです。しかし、「運」の部分は本人にはどうしようもありません。**どうしようもないことまで、「努力」という一見美しい言葉にかぶせてしまうのは、自分を苦しめるだけです。**

そのことに気づいてから、私は悩むことがなくなりました。自分にできる範囲の努力をして、それでかなわないことは、「運」なのですから諦めることにしたのです。

私は、たくさんのお母さんたちに子育てのアドバイスをしています。その中で、「諦めると子育てはラクになりますよ」という言葉をよく使います。その言葉で、ぱっと笑顔になるお母さんがたくさんいらっしゃいます。しかしながら、いきなり「諦めろ」と言われても、なかなか受け入れられないと思います。それは、あなたが今まで受けてきた「諦めるな」「努力しろ」という教育のせいだと思います。

次の頁からは、「受け入れる」をテーマにお伝えしたいと思います。どうやったら受け入れられるのか、「諦める」というのはどういうことなのかを、具体的にお伝えします。

受け入れる力

1 子どもの決断を尊重する

「ボク、スイミングをやめたいんだけど」

もし、あなたのお子さんがこう言ったら、あなたはどう答えますか。

「せっかく2級まで進んだのだから、1級を目指そうよ」

「いったんやり始めたことを途中で止めるのは、落伍者だよ」

こんなふうに言ってしまいませんか。

日本には「石の上にも3年」という諺があるように、いったんやり始めたことを途中で投げ出すのはよくない、という風潮があります。本当にそうでしょうか。そもそも、スイミングを始めたきっかけは何だったでしょうか。

「3歳になったから、そろそろ何か習い事をさせなくては」

もしこんなきっかけで始めていたとしたら、子どもの決断ではありません。たとえお子さんが自分でやりたいと言ったからといって、本当にスイミングをやりたいかどうかは、やり始める前にはわからないはずです。お友達が行っているから一緒にやりたい、という理由だったかもしれません。面白そうだから始めたけれど、やってみたら面白くなかった、のかもしれません。

「石の上にも3年」というのは、本人がある程度成長して（9歳以降）、「自分はスイミングをとことんやってみよう」と決心した後にいうもので、スイミングの面白さがわかっていない時期に持ち出すのはかわいそうだと思います。

子どもがやりたくないと言うものを、「今までやったことが無駄になるから」「やめ癖がつくから」、そんな理由で無理矢理続けさせるのはナンセンスだと思います。スイミングをやめて他の習い事をしたら、そちらが我が子にぴったりということもあり得るのです。子どもは親が思っているよりもしっかりと考え、自分の信念を持っています。そこを信じて、子どもの決断を尊重してあげましょう。

私の娘は、中学の終わりからイギリスに留学しました。無事イギリスの高校に合格し、1年生が終わる頃、「2年生から高校変わっていい？」と相談（というか決断）がありました。学校で何があったのか、辛い思いをしているのか、親の私には全く様子がわかりません。

たとえ転校しても、事態が好転するかどうかはわかりません。そんな危険を冒すよりも、今の学校でがんばったほうがよいのではないかという考えも頭をよぎりました。しかし、娘の決断を尊重し、何も聞かずに、転校の手続きをしました。結果として、転校した高校では楽しく生き生きと過ごせたようなので結果オーライでした。

親の判断を子どもに押しつける（教える）よりも、子どもの決断を信じる（教えない）その覚悟を持てるかどうか、ご自分の心に聞いてみてください。

人間は押しつけられたことには反発しますが、自分で決めたことは貫き通します。もし、あなたが押しつけた決断で、失敗の結果に終わった時、

「お母さんのせいで失敗した」

と子どもに言われたら、耐えられますか？　私は耐えられません。だからこそ、子どもに決断させることが大事なのです。

2 自分自身も相手（夫）も受け入れる

「おやつはまだ与えたくないのに、夫がおやつばかり与える」

「子どもを怒らず育てたいのに、夫が子どもに怒鳴り散らす」

こんなふうに、ご主人とあなたの教育方針が合わない部分もあるかと思います。よく「夫婦で教育方針を揃えましょう」などといわれますが、合わない場合はどうしたらよいのでしょうか。


私は、**「家庭は一番小さな社会」**だと思っています。子どもたちは将来、社会の荒波の中で生きていかなくてはなりません。社会にはいろいろな人がいます。優しい人もいれば厳しい人もいます。思いやりのある人もいれば意地悪な人もいます。もしお父さんとお母さんの教育方針が全く一緒で、子育てをしたらどうなるでしょうか。お父さんが怒った時にはお母さんも怒る、両親２人から怒られると、子どもは逃げ場がありません。それよりもお父さんが怒った時、お母さんが陰で抱きしめてあげれば、子どもは救われます。

「お父さんは怖いけど、お母さんは優しい」

子どもは、そんな社会の多様性を家庭の中で学べます。

お母さんは市販のおやつを買ってくれないけれど、時々お父さんがアイスを食べさせてくれた。そんな思い出は、子どもが大人になってからもきっと温かい思い出として心に残るでしょう。

こんなふうにいうと、反発したくなる方もいるでしょう。

「じゃあ、子どもを頭ごなしに怒ることはよいことなのですか。甘いおやつを与えて虫歯になってもよいのですか」

確かにそれは正論です。怒ることはよくないし、甘いおやつで虫歯になるのは困ります。

「ぜんざいの塩」という言葉をご存知ですか。小豆を炊いてぜんざいを作るとき、砂糖だけで味をつけると、甘ったるくて胸焼けするようなぜんざいになります。そこにほんのひとつまみのお塩を入れることで味が引き締まり、ぜんざいのおいしさはアップします。

私は、「お父さんはぜんざいの塩」と思って子育てをしてきました。冒頭の夫は、実は私の主人です（笑）。主人の名誉を守るためにいうと、怒鳴り散らすのはほんのたまにでしたが。

もし私が1人だけで子育てをしてきたとしたら、市販のおやつは与えず、テレビも見せず、ゲームもさせず育てたと思います。そんな子育てをしたら、きっと今頃、我が子たちは仙人のような大人になっていたでしょう（笑）。実際には夫がおやつを与え、テレビもこっそりと見せていたので、仙人にならずにすみました。まさしく「ぜんざいの塩」になってくれたと、今は感謝しています。

受け入れる力

3 運命を受け入れる

「Aくんはもうスキップができるのに、うちの子はまだできない」
「同じ幼児教室に同じ時期から通って、Bちゃんはひらがなもカタカナも書けるのに、うちの子は『あいうえお』さえ書けない」

子育てを他人と比べてはいけないとわかってはいても、同じクラスや同じ習い事の中に入ると、どうしても違いが目立ちます。
「みんな違ってみんないい」と頭では理解できても、1人だけできない我が子を見ていると、イライラが募ります。

子どもが生まれた時には、「元気であればそれでいい」と思っていたのに、子どもが成長するにつれて、あれもできてほしい、これもできてほしい、と親の期待が高まります。そして、いざ集団の中に入ってよその子と比べる機会ができると、その期待は一瞬にして砕け散ってしまいます。

その時の絶望感や挫折感は、お母さんの性格によって受け止め方が変わります。大きく分けて3つの受け止め方があります。

1　子どもにぶつける

2　自分にぶつけて落ち込む

3　受け入れる

私もご多分にもれず、長男が生まれた時、大きな期待をかけました。「末は博士か大臣か、はたまたノーベル賞か、オリンピック金メダルか」今考えると滑稽ですが、当時は本気でそう思っていました。

長男が3歳になった時、親子でマラソンを始めました。オリンピック出場を目指して。しかし走りだした瞬間、その夢は砕け散りました。長男の走り方はどう考えてもマラソン選手の走り方とは違います。ひょこひょこと走るその姿は、「スポーツ万能」とは全く異なるものでした。その時の私の絶望感は、まるで海の底に沈んだような気分でした。

しかしふと、思い浮かんだことがあります。世の中に、運動ができて、頭がよくて、芸術家で、科学者で、政治家であるなんていう人が存在するでしょうか。

「何もかもを求めるということは、結局何も手に入らないことなのだ」

まだ長男が幼い時期に、このことに気づいて本当にラッキーだったと思います。私は、「3 受け入れる」を選んだのです。

「まあ、この子が走るのが遅いのは、この子の個性だから仕方がない。楽しく走っているからそれでよしとしよう」

こう思えたから、毎日のマラソンも楽しく走ることができました。

もし私が、「1 子どもにぶつける」ことを選んでいたら、鬼コーチとなって毎日子どもを追い立てて走らせたかもしれません。

その後のことは、今なら手に取るようにわかります。子どもは嫌がり、私は怒り、親子でバトルになり、親子の溝ができる。親子関係にヒビが入ってしまったら、子どもの能力を伸ばすどころではなくなってしまいます。

では、もし私が「2　自分にぶつけて落ち込む」を選んだらどうなっていたでしょう。

「この子が走るのが遅いのは、私の遺伝子のせいかもしれない。私が悪いせいでオリンピックに出られないなんて申し訳ない」

この文章だけ読むとお笑いですが、実は同じような考えをお持ちのお母さんは多いのです。お母さん自身が子育てに自信を失うと、「自信のなさ」が子どもに伝わってしまいます。つまり、自信のない子どもになってしまうのです。自信のない子どもはスポーツだけではなく、他の面でも自信を持つことができませんので、勉強や人間関係でもつまずく可能性が高くなります。

「でも、自分の感じ方は自然にそう思ってしまうのだから仕方がないじゃない」

と反発したくなるかもしれません。

ここで、「感じ方」について考えてみたいと思います。**実は自分の感情は、自然に生まれてくるものではなく、無意識のうちに自分で選んでいるのです。「受け入れ**

る」か「受け入れない」かを自分で選ぶことができるのです。

何か嫌なことがあった時に、冷静に事実を分析する癖をつけてください。例えば、自分の不注意でお皿を落として割ってしまった場合です。

「手が滑って割ってしまった。注意力がない自分はダメな人間だ」と思ってしまったら、どこまでも落ち込みそうです。しかし、「誰だって手が滑ることはある。地球には重力があるから、手から離れて落ちたら割れてしまうのは当然」

こう思えれば、すぐに立ち直れるでしょう。普段は無意識に前者を選んでしまう人でも、冷静になればどちらを選ぶかを考えることができます。

「感情は自分で選ぶことができる」という意識を持つだけで、自分の感情の生まれ方は変わります。「感情は自分で選ぶことができる」と、いつも頭の片隅に入れておいてください。

4 自分の置かれた環境で最善を尽くす

理想の子育てとは、どんなものでしょうか。理想的な母親ってどんな人でしょうか。もし自分が理想の母親で、理想の子育てができたら、子どもはどんなふうに育つでしょうか。

「そりゃ、理想的な人間になるでしょ」と思われますか。私はそうは思いません。

ぬくぬくとした温室で、十分な水と十分な肥料を与えられすくすくと育った植物が、いきなり温室から外に出されたらどうなるでしょう。外で風が吹いていたら、ぽきっと折れてしまうでしょう。冬の寒い日だったら、寒さで枯れてしまうでしょう。

つまり、何もかもが揃った環境が理想なわけではなく、「何かが足りない」ということが成長には必要なのです。それは植物だけではなく、人間の子どもの成長にもいえます。

「お金が足りない」「幼稚園や学校に不満がある」「夫が協力してくれない」など、すべての母親は大なり小なり不満を持っています。

「不満」と聞くとマイナスのイメージがありますが、**マイナスがあるからこそ人間は努力し、プラスへ向かうのです。**

「マイナスがあるから自分はダメだ。マイナスがあるから十分な子育てができない」と考えるととても辛くなります。**自分の環境で、もしマイナスがあると思うなら、マイナスをプラスに変える発想を持ちましょう。**

例えば、「お金がない」という環境。

お金がない＝塾に行けない＝学力が伸びない。そうやって不満を口にすることもできます。

しかし発想を変えると、お金がない＝塾に行かず家庭で学習する＝自分で努力をする＝本当の学力が身につく。こんなふうに考えることもできるのです。

実際我が家では、３人の子どもたちは塾に通うことなく、自分で学びました。自分で努力し本当の学力を身につけ、それぞれ東大、京大、ロンドン大学に現役合格しました。環境が整っていないことをマイナスに考えず、プラスに発想を変えることのほうが、環境を変える努力をすることよりはたやすいのではないでしょうか。

第4章

教えることと、教えないこと

1 知識は教える、思考は教えない

3歳の我が子の語彙を増やすために、あなたならどうしますか。絵を描いたカードを見せる？　DVDで学ばせる？　ただ単に言葉を増やすためならカードを使うのが効果的かもしれません。

しかし、「りんご」という言葉を教える時に、カードに描いてあるりんごの絵を見せても、りんごの本質はわかりません。りんごの味も香りもカードからは見当がつかないからです。

「りんご」を教えるならば、りんご狩りに行くのがよいでしょう。爽やかな秋空の下で、りんごを収穫し、その場でかじると、格別な味がするでしょう。それだけで子どもは「りんごは秋に実る」「りんごは木になる」「1本の木にたくさんのりんごがなる」「りんごは爽やかな香りで食べると甘酸っぱい」。こんなにたくさんのことを学びます。カードに描いたりんごでは学ぶことのできないことばかりです。

我が家では、庭に2本のリンゴの木を植えました。

「リンゴの木は1本では実がならないのよ。2本の木があって初めて実がなるのよ」こう言いながら、子どもたちと一緒に筆で受粉（1本の木の花粉を、もう1本の花のめしべにつける）をします。春に白いりんごの花が咲き、花が終わるとそこに小さな小さな青いりんごの実ができます。夏を過ぎる頃、どんどん大きくなったりんごはだんだん赤くなります。

そして、春にはたくさん花が咲いて、たくさんの小さな実がなるのに、秋まで生き残っている実はわずか。家族の口に入ったりんごはたったの3個でした（育て方が悪かったようです）。

そんな体験をすると子どもは、「りんごの実が無事に大きく赤くなるのは大変だということ」「りんご狩りでたくさんのりんごがなっているのは、農家の方の努力があるからということ」など、りんご以外のこともたくさん学びます。

このように、**単に知識として「りんご」を教えるのではなく、「りんご」を題材として思考を磨くことが子どもの能力を伸ばし、思考を広げることに役立つ**のです。

すぐに知識だけを教えれば、手間もかからずある程度の成果もすぐに見込めます。しかし、あえて「教えない」ことで子どもが自分で体験し、それを長い時間をかけて見守り、知識以上の思考を身につけることができるのです。

時間も手間もかかりますが、広い思考を持った人間に育てるために、必ず通らなくてはならない道のように思えます。

子どもは毎日のように「これ何?」「どうして?」と聞いてきます。すぐに答える前に、子どもが聞いてきたことが「知識」なのか「思考」なのかを考えて、「教える」のか「教えない」のかを決めましょう。

2 WhatではなくHow

私がたくさんのお母さんからいただく、勉強系の質問の中でダントツに多いのが、「お子さんが幼稚園や小学校低学年の時、どんな問題集をさせていましたか」というものです。この質問をいただくたびに言葉に詰まってしまいます。それは私自身、子どもが幼稚園や低学年の間は、ほとんど問題集などはさせていなかったからです。もちろん学校の宿題のドリルはやっていました。しかしその他に追加でやらせた問題集はほとんどないのです。

「え？　何もやらせなかったの？　ずっと遊んでばかりだったの？」

とびっくりされたのではないでしょうか。パズルや数独や迷路などは大好きでしたから、毎日のようにやっていました。しかし子どもたちはそれらを勉強だとは思っていなかったのです。遊びの一環としてやっていたようです。いわゆるペーパーの勉強はしていませんでした。

しかし、私が「子どもに勉強させる必要がない」と思っていたかというとそうではありません。子どもの能力はできる限り伸ばしたいし、将来的に学力もつけてほしいと思っていました。ただ、幼稚園や低学年でペーパーの問題をやらせることが、能力や学力を伸ばすことにはつながらないと考えていたのです。

では、私は子どもたちにどんなことをさせていたのでしょうか。私がいつも意識していたのは「ＷｈａｔではなくＨｏｗ」ということです。つまり、**「何をやらせるかではなく、どうやらせるか」**ということを意識していました。

例えばドライブをする時、「家から目的地までいかに早く楽しく到着するか」ではなく、「家から目的地までの間にどうやって子どもの頭を鍛えようか」ということを考えていました。前を走る車のナンバー4桁で、足し算引き算掛け算割り算を使って

10にするためには、どんな方法があるか。「１２３４」の番号であれば「４×２＝８、３－１＝２、８＋２＝10」と兄が言えば、弟は「４×３＝12、12－２＝10、10×１＝10」と言います。その後、「どちらの解き方が美しいか」を議論するのです。もちろん正解はありませんが、こういった議論は「算数の本質」が見え隠れして面白いです。

その他にも、「今見えている風景の中で『あ』がつくものは何か？」というもの。この質問にも答えはありません。子どもたちは必死になって探します。「青空」「看板に書いてある交通安全の『あ』」などと言い合ううちに誰かが「アリ」と言うと、

「アリが見えるわけない」

「見えた」

と言い合いになり、最後は喧嘩になったりもしました（笑）。

そう考えると、**１日24時間すべてが勉強だといえます。親の役割は「いかに子どもが頭を使う会話のきっかけを作るか」**なのです。あなたとお子さんの会話を思い出してみてください。その中に「Ｈｏｗ」はいくつありますか。

3 1日24時間が勉強

私たちは1日3食ご飯を食べます。多くの家庭では、お昼ご飯は会社や学校や幼稚園・保育園で、家族バラバラで食べます。しかし、朝ご飯と夕ご飯は家族揃って食べるご家庭が多いでしょう。お父さんが仕事で忙しい場合は、お母さんと子どもたちの食事になるかもしれませんね。

その食事の時、あなたは何を1番大切にしていますか。

1「早く、早く」とスピード重視
2「ちゃんと食べなさい」「キチンと食べなさい」とマナー重視
3「今日学校で何が楽しかった?」と一家団欒の会話重視

どれがよくてどれが悪いというわけではありません。そしてこの3つが混じり合っているのが現状でしょう。

前の項で「1日24時間が勉強」といいました。だから食事の時間にも**「頭がよくなる会話」**を入れてほしいのです。

我が家で食事の時、よくしていた会話は、

「今日の食事に何種類の材料が入っているでしょうか？」

というものです。子どもたちは食べながら必死に数えます。

「味噌汁には、豆腐、わかめ、油揚げ、味噌」

と言う子がいれば、

「お母さん、出汁は何を使った？」

と聞く子もいます。そうすれば、「いりこ」が1つ加わります。

「味噌って何からできているの？」

と材料をさらに分解しようとする子もいます。

この問いにも正解はありません。考えることが目的ですから、正解不正解を追求する意味はないのです。ただし子どもたちは、

「それは違う！」

「それはさっき言った！」

と言い争いになり、最後には喧嘩に発展することも多々ありました。

1日24時間が勉強だと思えば、**お風呂に入る時、歯を磨く時、ご飯を作っている時、などいくらでも勉強の課題は出てきます。**

お母さん自身が「24時間勉強」という意識を持てば、きっといろいろなクイズや問題が出せるのではないでしょうか。そしてそんな生活がしばらく続くと、子ども自身がいろんなクイズを出してくれるようになります。そうなったらお母さんは見守るだけで、時々きっかけを与える係に徹しましょう。

4 失敗するとわかっていても見守る

次男がまだよちよち歩きの2歳の時、小高い丘にピクニックに行きました。歩くのが楽しくて仕方のない次男は、走り回って遊ぶことを楽しんでいました。

長い下り坂を勢いよく走りだした時、私は思わず「止まれ！」と言いそうになりました。下り坂は平地より何倍も派手に転んでしまうと思ったからです。でも、すんでの所で思いとどまりました。転んでみないと痛さはわからないし、下り坂で転ぶと余計に痛いということも、経験しないとわからないからです。私の予想どおり途中で転び、次男の体は一回転半しました（笑）。

その瞬間、「大丈夫？」と思うより先に「やった、大当たり！」と小さくガッツポーズが出てしまいました。

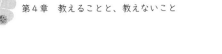

あなたには、こんな経験はありませんか。小学生の我が子の宿題のノートがなぜかキッチンに置いてある。このままでは、忘れて学校に行くことは目に見えている。あなたならどうしますか。

「こんなところに置いていたら、忘れてしまうからランドセルにしまいなさい」

こう言いますか？　それとも何も言わず見守りますか？

子どもが全く気づいていないとしたら、何も言わないのもかわいそうです。私だったら、

「あら？　こんなところにノートがあるよ」

とだけ言って、後の行動は子どもに任せます。その時は案の定、「ああ」と言ったまま、ノートはそのまま、結局忘れて学校へ行きました。

「失敗するのがわかっているのに見守る」のは、「口を出す」より何倍も難しいです。思わず手や口が出そうになるでしょう。

ここで考えてほしいのは、**「なぜ失敗するとわかっているのか」**ということです。それは私たちが生まれてから今日に至るまで、たくさんの失敗を重ねてきたからです。

自分自身が失敗したからこそ失敗するとわかるのです。しかし、子どもはまだ失敗したことがないのですから、失敗するかどうかわかっていません。**本人が経験して体で覚えないと身につかないですから、ここはぐっと我慢しましょう。**

失敗するとどうなるかを「教える」ことに意味はありません。「教えない」で、自分で経験して体で覚える以外の方法はないのです。

失敗しないよう教えるのは、次の2つの場合のみだと思います。

1　命の危険がある場合

2　他人に重大な迷惑をかける場合

この2つは、それほど頻繁にあるわけではありません。

5 何もない空間を与える

自然の中で遊ぶことは、子どもにとって必要な経験である、ということは誰もがわかっています。しかし、現代っ子は自然の山の中に連れて行くと遊べないといいます。

「遊ぶものがないからつまらない」

と言うそうです。

都会に住んでいると、自然が身近にはないし、公園で遊ぶのが1番身近な自然だったりします。確かに公園も自然の一部ではありますが、ブランコあり滑り台ありです。これらの遊具は、あらかじめ作られているものです。「あらかじめ作られているもので遊ぶ」のが習慣になると、**「何もないところで、自分で遊びを作り出す」**ことができなくなります。

私たちの親世代であれば、家を1歩出れば広場があり、空き地があり、川が流れ、自然がたくさんあったと思います。

「子どもは遊ぶのが仕事」といわれますが、当時であれば、遊ぶ＝外遊び＝自然の中で走り回る、が当たり前でした。しかし時代が変わり今では、遊ぶ＝座って遊ぶ＝ゲーム、になっています。お母さんが、

「外で遊びなさい！」

と言うと、子どもたちはぞろぞろと公園に行き、木陰でゲームをしている、という笑えない話もあります。

おもちゃや遊び場を与えるということは、「遊び方を教える」ということです。玩具や遊び場を与えられた子どもは、自分で遊びを作り出すことができなくなります。だからこそ、何もない空間を与えてほしいのです。**あえて「遊び方を教えない」ことで、子どもは自分自身で遊びを作り出すチャンスを得るのです。**現代の生活で「何もない空間を与える」ことこそ、最も贅沢なことかもしれません。

6 何もない時間を与える

子どもの能力を伸ばしたいと思う時に、親である私たちは、何かをプラスしようと思います。学習塾だったり、英語塾だったり、スイミングだったり。もちろんそれらを学ぶことで、子どもの能力は伸びます。しかし、それらを学ぶことで失うものがあることを忘れてはいけません。では、失うものとは何でしょうか？

「時間」です。1日が24時間であることは、すべての人に共通です。大人も子どもも1日は24時間です。

大人にとって「何もない時間」は無駄な時間かもしれません。私は何も用事がない時間に、ぼーっとしていると少なからず罪悪感を覚えます。しかしその感覚を子どもに当てはめるのは少し危険だと思います。**子どもにとって「何もない時間」は成長の**

ためにかかせない時間だからです。

しかし、現代の子どもは忙しい。習い事をいくつも抱え、月曜日は○○、火曜日は△△、水曜日は……のように毎日スケジュールが埋まっている子どもも少なくありません。なかには、1日に2つの習い事を掛け持ちしている子もいます。

一見、無駄な時間がなく充実しているように見えます。しかし、そんな子どもたちの中には疲れ切っている子どももいるのです。

子どもは忙しすぎると、習い事を消化試合のようにこなすだけになります。もしあなたのお子さんが、

「次は何をすればいい？」

と聞くようになったら、要注意です。

子どもの体は夜眠っている時に成長します。だから子どもにとって十分な睡眠は、絶対に必要なものです。

子どもの能力は「何もない時間」に成長します。**だからあえて「何もない時間」を**

作ってあげることが必要なのです。

「何もない時間」を与えずに、どんどんスケジュールを入れると、**子どもは「吸収するモード」を停止して、「消化するモード」に変化します。**子どもの心が「消化するモード」になってしまったら、勉強も英語もスイミングも、十分吸収することはできません。子どもはただの消化試合で疲れきってしまいます。

お子さんの1週間のスケジュールを決める時、まず初めに「何もない時間」をスケジュールに入れましょう。そのあとで、習い事やイベントや勉強のスケジュールを入れるのです。休みの日ごとにお出かけをする必要はありません。たまには家族で、「何もせずのんびり過ごす時間」を楽しんでください。

7 よいイメージを持つ

初対面の人から、

「あなたのお子さんはどんな子どもですか？」

と聞かれた時、あなたはどう答えますか。

「明るくて前向きで元気な子どもです」

「うるさくて言うことを聞かなくてやんちゃな子どもです」

今挙げたこの2つの言い方、私は同じ子どもをイメージして言いました。同じ子どもをイメージしたのに、正反対に聞こえませんか。

もしあなたの答えが前者であれば、お子さんはすくすくのびのび明るく育つでしょう。でももしあなたの答えが後者であれば、これからの子育ては、手を焼くかもしれません。

同じ子どもなのに、お母さんの言い方一つで本当にそんなに変わるものでしょうか。子どもは生まれた時には白紙の状態です。そこから親や兄弟や周りの人たちからの言葉で、「自分はこんな人間だ」というセルフイメージを作っていきます。

10歳前後でそのセルフイメージは固まります。つまり、**親が子どもにかける言葉で子どものセルフイメージを作り上げているのです。**

だから「明るい」といつも言われている子どもは明るい子になり、「うるさい」といつも言われている子どもはうるさい子どもになります。

では、親はどうすれば子どもに前向きな言葉をかけ続けることができるのでしょうか。私たちの日常会話は、演劇のようにセリフを覚えて言っているわけではありません。心に思ったことをそのまま口に出しています。

子どもに早くしてほしいと思えば「早く、早く」、宿題をちゃんとやってほしいと思えば「ちゃんとしなさい」と言います。では、これらの言葉は子どもにどのように伝わっているのでしょうか。

親から「早く、早く」と言われた子どもは、実は「早くしよう」とは思わないのです。「自分はのろまな子どもだ」と思ってしまいます。そうすると子どものセルフイメージは「自分はのろまな子ども」になります。

「ちゃんとしなさい」と言われた子どもは「自分はちゃんとしていない子ども」と思い込みます。10歳までにできたセルフイメージを、大人になって変えることはなかなか難しいのです。だから子育て中に子どもにかける言葉が大切なのです。

私たちは心で思ったことをそのまま言葉にしますから、言葉だけを変えることができません。だから「心で思うこと」を変えていく必要があります。つまり、**親の「子どもに対するイメージ」をよいものにすればよいのです。**

それでは、目の前のぐずぐずしている子どもに対して「早く、早く」と思わずに、どう思えばよいのでしょうか。私の子どもたちも、何でもさっさとできるわけではなく、ぐずぐずのろのろすることがたくさんありました。そんな時私は、「たまたま今は時間がかかっているけれど、大人になった時にはこの子はさっさとできる子」と思うようにしていました。かなり無理矢理感はありますが、いつもそう思い続けたら自然によいイメージができるようになります。

自分の心は自分のものです。何を思ったとしても、他人からとやかく言われることはありません。だからこそ、子どもに対してのイメージは「よいイメージ」を持ちましょう。

自分が「よいイメージ」を持つだけで、「うるさい子」が「明るい子」になるのですから、やってみようという気になりませんか。

第5章

子育てのキモ

子育ての軸

ここまで「教えない子育て」についてお伝えしてきました。教えない子育てでどんな力を身につけるのか、どんなことを教えて、どんなことは教えないのかを理解していただけたと思います。

しかしながら正直な話、「教える」「教えない」だけで子育てができるわけではありません。

スイーツが好きな方なら理解していただけると思いますが、例えばどんな苺ショートケーキがおいしいのかの議論になったとします。苺の種類は何がよいのか、無農薬の苺がよいのか、大きい苺小さい苺どちらがよいのかなど、苺だけでもたくさんの基準があります。しかし、苺だけおいしくてもおいしい苺ショートになるわけではありません。スポンジケーキと生クリームという土台がおいしいからこそ、苺が引き立つのです。

この章では、苺ショートケーキのスポンジと生クリームにあたる土台の部分のお話をしていきたいと思います。

子育ては、子どもにご飯を食べさせ、洋服を着させ、学校に行かせればそれでよいわけではありません。どんなご飯をどこで食べさせるのか、どんな洋服を着せるのか、学校で十分学べるように文房具を揃え宿題ができているかチェックし……。一つひとつの子育てを、信念を持っててていねいに行うことが大事です。その時に、**「何を基準に判断するか」**が求められます。

あなたのお子さんが、ある朝、
「学校へ行きたくない」
と言ったら、どう答えますか。

「学校へは行かなくてはならない」

「行きたくないなら行かなくていい」

どちらが正解か、瞬時に判断できますか。子育ては流れる時間に乗って進んでいきますから、瞬時の判断が求められます。子どもが「学校へ行きたくない」と言った時に、

「うーん、お母さんよくわからないから考えてみるね。待っててね」

と言うわけにはいかないのです（瞬時に判断して、引き延ばすという方法はあります）。

この場合、どちらが正解ということはいえません。お子さんの性格も違うし、お子さんの心のストレスも違うし、お母さんの考え方も違います。


そんな正解のない答えを、瞬時に出すために必要なのが、「子育ての軸」です。お母さんがしっかりとした子育ての軸を持っていれば、どんな難問であっても瞬時に答えを出すことができます。

この章では、お母さんが「子育ての軸」を作るために必要なショートケーキの土台の部分についてお伝えしていきます。

1 生産と消費

「え？　子育てで、生産と消費？」

と不思議に思われたかもしれません。生産とは何かを作り出すこと、消費とはお金を出して買うことですから、子育てには関係ないように思えます。

しかし、私が考えた「子育ての生産と消費」は、少し意味合いが変わります。

何かを生産するためには、頭を使って考え、手や体を使って作り上げます。つまり、**「頭、手、体を使うこと」、これが子育てにおける生産です**。消費はお金だけではなく、何かを費やすこと。つまり、**「お金、電気、電池、他人を使うこと」が子育てにおける消費です**。

子どもの1日の生活の中で使うものや行動を、「生産か消費か」に分けて、なるべく「生産」のものを多くすると、子どもは自分の「頭、手、体」を使います。そうすると、自然に考える子どもになるのです。

例えば、おもちゃ。おもちゃ屋さんに行くとたくさんのおもちゃがあります。子どもに自由に選ばせると、キラキラと光り楽しい音の出るおもちゃを選びがちです。そんなおもちゃには「電池」が入っていますね。スイッチを入れれば、後は何もしなくても、おもちゃ自体が光り楽しい音を出してこちらを楽しませてくれます。これは「消費のおもちゃ」です。こういったおもちゃで遊んでも子どもは頭を使うことをしません。

一方、「生産のおもちゃ」として私がお勧めするのは積み木です。積み木は見ているだけでは動きませんし、光りません。自分で何を作るか頭を使って考え、手と体を動かして作り上げなければならないのです。そうすると自然に「頭、手、体」を使うことになります。

では、遊びに行く場所はどのように選んだらよいでしょうか。楽しい場所の代表として遊園地があります。入口でお金を払えば後は自由に遊べます。しかし、ジェットコースターも観覧車も乗ってしまえば、後は電気で動きます。子どもは頭を使わなくても楽しませてもらえるのです。体を使わなくても十分楽しめます。遊園地は「消費の遊び場」なのです。

　一方、公園はどうでしょうか。多くの公園は無料です。しかし、公園へ行っただけでは楽しくありません。自分で滑り台の階段を登り、滑らなくてはなりません。ブランコも自分でこぐか、お父さんお母さんに背中を押してもらわなくては楽しめません。「頭、手、体」を使わなくては楽しめない「生産の遊び場」です。

　子どもと過ごす1日の中で、なるべく「生産」を増やすと、子どもは自分で考え自分で行動する人間になっていきます。しかし世話をする大人の立場になると、一緒に積み木を作ったり、ブランコを押したり、楽しいけれども大人も体を使いますから疲れます。「消費」の活動は、親がお金を払えば、見ているだけで子どもを楽しませてくれますからラクです。

「親は疲れるけれど、子どもが自分で考えるようになる生産活動」か「親も子も頭も体も使わず、ラクに楽しく遊ばせてもらえる消費の活動」か、選ぶのは親であるあなたです。子どもの未来を考えて、「生産」を増やすとよいでしょう。

　そして、小学校に入ると、勉強が始まります。では勉強は、生産でしょうか、消費でしょうか。おわかりでしょうが、勉強は「生産」です。頭を使わなければ勉強はできません。教科書をながめているだけでは、頭には入ってきません。自分で考えて問題を解かなければならないのです。しかし、小学校入学までに、「消費の楽しさ」を覚えてしまった子どもにとって、勉強は苦痛になるでしょう。なぜかというと、「消費の楽しさ」は、すぐに楽しめるインスタントな楽しさだからです。

一方、「生産の楽しさ」は、楽しさの前にハードルがあります。積み木遊びをしている途中で、崩れたり、弟や妹に崩されたり、思うようにできあがらなかったりと、いろいろな困難があります。その困難を乗り越えてはじめて、「できた！」という達成感を味わうことができるのです。つまり、「生産の楽しさ」はハードルを乗り越えて得られる達成感なのです。インスタントな楽しさを先に知って慣れてしまうと、ハードルを乗り越えるやる気が出てこないのです。

もし、あなたのお子さんがすでに小学生で、

「勉強、メンドクサイ」

と言っているなら、生活を見直してください。「消費の楽しさ」があふれていませんか。**生活の中の「生産と消費」のバランス**をぜひチェックしてみてください。

2 心の財布

今日はお給料日、財布には十分なお金が入っています。そんな日は、楽しい気分で夕食の買い物ができます。新しいお料理に挑戦する気持ちも起こるでしょうし、珍しい果物に手が伸びるかもしれません。レジの横に募金箱があったなら、お釣りの中から小銭を寄付したくなるでしょう。

反対に、お給料日の前日、財布の中身が乏しい時、お買い物は憂鬱になります。そんな時に子どもが、

「お菓子買って」

といったなら、つい、

「今日は買いません！」

と強い口調で言ってしまうでしょう。つまり、財布の中のお金の量によって心の余裕

や優しさややる気が変わってくるのです。

実際のお財布と同じように、人間は心の中にも財布を持っています。**心の財布の中に入っているのは、お金ではなく愛情です。**心の財布が愛情で満たされていると、人に優しくなれるし、やる気も湧いてきます。お誕生日にみんなから、「お誕生日おめでとう」と口々にお祝いの言葉をもらったら心が満たされます。そんな日に怒ったり泣いたりすることはないでしょう。お誕生日にその1年の目標を決めて、やる気に満ちた1年が始まることでしょう。

反対に、夫婦喧嘩をしてしまった日に、イライラしていつもなら気にならない子どもの行動に声を荒らげてしまったことはありませんか。泣きながら寝てしまった子どもの顔を見て、

「あんなに怒ることではなかったのに」

と反省したことは誰でも一度や二度はあるでしょう。これは夫婦喧嘩によって心の財布が空になってしまったから起こることで、ある意味仕方がないことなのです。

大人でも心の財布の満たされ方で、優しさややる気に大きな差が出ます。子どもも同じように心の財布を持っていますから、心の財布の中にある愛情の量で、優しさや

やる気に大きな差が出ます。

例えば、弟や妹が生まれた場合です。今まで一人っ子だったのにある日突然赤ちゃんが我が家にやってきて、大好きなお母さんから、

「今日からお兄ちゃん（お姉ちゃん）だから優しくしてあげてね」

と言われます。

今まで自分だけを見てくれていたお母さんは、赤ちゃんに夢中で自分のことは見てくれなくなったように感じます。そうすると心の財布は中身がどんどん減っていきます。心の財布が空になってしまうと、いてもたってもいられなくなります。そうすると子どもはどんな行動に出るのでしょうか。空の財布を抱えているとイライラが止まらないので、愛情の代わりに「怒り」を入れ始めます。赤ちゃんをわざと叩いたり、わざとおもらしをしたりして、手を焼く行動をし始めます。それでなくても忙しいお母さんは、そんな行動を見ると上の子に怒りをぶつけてしまいます。上の子はその怒りを自分の心の財布に入れて、寂しさを紛らわすのです。もし上の子が困る行動をした時には、叱るよりもぎゅっと抱っこしてあげたほうが効果的です。

心の財布は外から見ることはできません。でもお母さんがいつも子どもの心の財布

の減り具合を気にかけて、愛情を注ぐ意識をしていると子どもは安定します。子どもは心の財布が満たされていると、新しいことにチャレンジしたり、人に優しくなれたりします。

特に子どもが困った行動、手を焼く行動をした時には、すぐさま叱るよりも心の財布に愛情を注いであげたほうが早く落ち着きます。我が子が困った子になってしまったと思う時ほど、心の財布を満たしてあげましょう。

心の財布に愛情を満たすには、スキンシップや「大好き」の言葉かけが大事です。

傍目には甘やかしているように見えるかもしれません。

「甘やかすといつまでも自立できない」

と周りから言われるかもしれません。子どもを厳しく突き放したほうが早く自立するように思えるかもしれませんが、結果は逆です。子どもは突き放せば突き放すほど、心の財布の中身が減りますので親にすがりつきます。心の財布をいつも愛情で満たしてあげると、子どもはある時すっと自立していきます。

甘えっ子だった我が子も、中学入学と同時にあっという間に自立していきました。それは見事な変わりようで、まるで蛹から蝶になった姿を見ているようでした。

3 満月の法則

空に浮かぶ満月。美しいお月様にため息が漏れます。では、同じ時間に同じ月を、ロケットに乗って月の裏側から見ると、どのように見えるでしょうか。正解は「真っ暗で見えない」です。

次に、月の横から見るとどのように見えるでしょうか。正解は「半月」です。月は自分で輝いているのではなく、太陽の光が反射した部分が輝いて見えます。だから見る位置によって見え方が違ってきます。

同じことが子育てでもいえるのではないでしょうか。日曜日の朝、お子さんがキッチンで何かしています。ガチャンと音がしたので、キッチンに行ってみると、床に割れた卵と小麦粉が散らばっているのが見えます。

こんな時、あなたならどうしますか。目の前の惨状を見ると、

「何をしてたの⁉」

と大声を出したくなるかもしれません。

「勝手にキッチンを使わないで！」

と言ってしまうかもしれません。


確かに、自分の側から見ると、「食べ物がもったいない」「片付けがめんどうくさい」「できないならやらなきゃいいのに」、そんなふうに見えます。

そんな時には、自分の側からだけではなく、子どもの側（月の裏側）からも見てください。きっと、

「朝ごはんを作ってお母さんを喜ばせてあげよう」

「おいしいホットケーキを作ろう」

こんな気持ちでがんばっていたに違いありません。お母さんに叱られたことで、そんながんばる気持ちがしぼんでしまい、

「二度と料理なんかするものか！」

と思ってしまうかもしれません。せっかくのやる気をそいでしまったら、この先お料理の手伝いはしなくなってしまうでしょう。

トラブルが起こった時に、**一方的に自分の側から見るだけではなく、相手の側からも見てみると、見える世界は変わります。見える世界が変わると、言葉が変わります。**

「ホットケーキを作ろうとしたのに、ひっくり返って残念だったね」

「次はきっと上手にできるよ。がんばって」

きっとこんな言葉になるでしょう。ホットケーキの材料をひっくり返して凹んでいた子どもも、お母さんに励ましてもらったら、再びやる気になるでしょう。

「失敗しても、またやり直せばいいんだよ」

というメッセージを送ることができるのです。

子育て中は、思いもよらぬことが毎日のように起こります。一つひとつに腹を立てるのか、相手の側から見て気持ちを汲んであげるのか、そんな小さな積み重ねが10年20年続くと、大きな差になります。まずは月の裏側をイメージできるよう、心の中にロケットを持ちましょう。

4 親ハンドル・子ハンドル

あなたは運転免許を持っていますか？　車を運転しますか？

運転免許を取るためには、交通法規や運転技術を学び、試験を受けて合格しなければなりません。

無免許で運転をすると事故を起こす可能性が高いし、交通は大混乱になります。

今、私たちが交通事故もほとんどなく、安全に運転できるのは、運転免許がなくては車の運転ができない法律があるからです。

子育てには免許はありません。しかし、母親になって毎日子どもとつきあい、愛情を持って子育てをすると、自然と子育てのスキルが身につきます。

子どもは目の前の快・不快だけで、やる・やらないを判断しますから、子どもにすべてを任せると大変なことになります。

「宿題は嫌だ、やらない」

「ご飯の前でも、今おやつを食べたいから食べる」

「お手伝いは嫌だ、ゲームはずっとやっていたい」

こんな子どものわがままに振り回されることになります。

子育てをする時に、親がハンドルを握ると安全な子育てができます。しかし、子どもがハンドルを握ると無免許運転ですから暴走します。事故になってしまうかもしれません。


では、子育ての最初は、どちらがハンドルを握っているでしょうか。実は、最初は子どもがハンドルを握っています。だから赤ちゃんが泣いたら夜中でも、お母さんは起きてあやさなければなりません。人混みや電車の中でも、子どもは構わず泣き出します。そうすると親は必死で泣きやませなければなりません。子どもに振り回されっぱなしで大変な生活になります。子どもが赤ちゃんの時にはそれも仕方がありません。でもずっと子どもがハンドルを握ったままだと、親はこの先もずっと振り回されっぱなしになります。高校生になった我が子に、

「フロ、メシ、カネ！」

と命令されたら嫌ですよね。子どもが高校生になっても子どもハンドルのままだと、親はほとほと疲れることになります。そうならないためにも、早めに親がハンドルを握ることをおすすめします。

それではいつ、子どもからハンドルを取り戻せばよいのでしょうか。

年少さんくらいから9歳になるくらいまでに、緩やかにハンドルを取り戻すのが理想でしょう。しかし、簡単にできるものではありません。子どもはハンドルを離したがりません。自分でハンドルを握ったほうが楽しいからです。

子どもとスーパーに買い物に行った時、

「おやつが欲しい」

と子どもがねだったとします。

「今日は買わないよ」

と言ったら、子どもは当然のように泣き出します。

「買って、買って！」

と床に寝転がって泣き叫ぶ子ども。まさしく子どもハンドルです。こんな時、あなた

ならどうしますか。他のお客さんや店員さんがちらちらと白い目で見ています。それに耐えかねて、

「今日だけよ」

と、買ってあげますか。そうすればその場は丸く収まります。しかし、子どもは「しめしめ」と心の中でニヤリと笑っているだけです。しっかりと子どもハンドルを握り締めています。「泣き叫べば親は言うことを聞く」ことを学びましたから、次の日もその次の日もスーパーでおやつを買ってもらえるまで泣き叫ぶでしょう。

もし、子どもからハンドルを取り戻したければ、子どもが泣いても買わないことです。

「今日は買わないよ」

といったん言ったなら、自分の考えを曲げないことです。子どもが泣き続けたら、買い物をせずそのまま帰るのも一つの手でしょう。私もその手を使ったことが何度かあります。そうすると子どもは、「この親にはかなわない」ということを学びますから、その後わがままで泣き叫ぶことはなくなります。

ここで私が言いたいのは、お菓子を買ってはいけないということではありません。

お菓子を買ってもよいと思うなら、子どもが買ってと言った時に、「いいよ」と買ってあげればよいのです。

いったん、「今日は買わないよ」と言ったのに子どもが泣いたからという理由で、買ってあげることがよくないのです。

スーパーの中の攻防だけではなく、宿題をやるやらない、遊びに行く行かないなど、日常生活で親子の攻防はたくさんあります。そのたびごとに、ハンドルの取り合いをしていると思って、真剣につきあってください。

しかし、決して大声や暴力でハンドルを取り上げてはいけません。そういったことは子どもの心に恐怖しか残りません。恐怖で子どもを支配すると、10年後（反抗期が来た時に）、しっぺ返しを食らうことになります。

そうならないためには、**ハンドルの取り合いをする時に、「綱引き」をイメージしてください**。決して前のめりに攻撃するのではなく、綱を引き合って相手が諦めるまで踏ん張るのです。綱引きは運動会のためだけにあるのではなく、親子のハンドルの取り合いのためにあるのだと今日から意識してください。

5 天井から子どもを見る

目の前で、子どもがテーブルの上にお茶をこぼしました。ちょうどテーブルに置いてあった自分の仕事用の資料がびしょ濡れになりました。そんな時には、誰でもカッとなります。つい、

「なんてことするの！」

「台無しじゃない！」

と言ってしまっても、仕方がないのかもしれません。

人間はカッとなると視野が狭くなります。つまり、目の前のことしか見えなくなるのです。

この場合、お茶をこぼした子どもとびしょ濡れになった仕事の資料しか見えなくな

ります。そうすると、怒りはますます大きくなります。
「この資料を作るのに何時間もかかったのに」
「この資料を作り直すのには何時間もかかる」
こう思い出すと、絶望感にも襲われます。

しかし、果たして子どもはわざとやったのでしょうか。決してわざとではありません。

私だってお茶をこぼすことはあります。自分で作った資料をなくしてしまうこともあります。でも誰からも怒鳴られることはありません。自分のやったことの責任を、自分で取るだけです。

子どもだからという理由だけで、悪気もないのに怒られてしまう子どもは、ちょっとかわいそうですね。

そんな時には、天井から子どもを見るイメージをしてみてください。

視野が狭くなっていると、子どもとびしょ濡れの資料しか見えませんが、天井から

見ると怒っている自分自身も見えます。

般若のような顔をした自分は見たくないものです。もしそう思えたら、怒りはすっと引くでしょう。

私はカッとなった時には、そうやって、天井から自分を見ることにしています。そうすると不思議なことに怒りは静まるのです。

ただし、いきなりトラブルが起きた時に自分自身を天井から見るのは難しいです。だから普段から練習することをおすすめします。

例えば、我が子と楽しく遊んでいる時、そっと天井から自分たちを見てみましょう。親子で仲良くおままごとで遊んでいる姿は、とても美しく微笑ましいものです。

そんな平和な時に自分を天井から見る練習をしていると、いざという時、自由に天井にのぼることができるようになりますよ。

6 直球を投げない

「まだ宿題をやっていないの？　早くやりなさい！（怒）」

毎日のようにこんな大声を出しているお母さんもいらっしゃることでしょう。

「毎日言っているのに、どうしてやらないの？」

「さっさとやればいいのに」

「もっときつく言わないと効き目がないのかしら」

こんなふうに思っていませんか。毎日怒鳴っても子どもが宿題をやらないのは、お母さんが直球を投げているからです。

子どもだけではなく大人もですが、**正しいことを真正面から直球で投げられると、逃げ場がありません。**そんな時の相手の反応は3つです。

1　逆ギレする
2　殻にこもる
3　嘘をつく

この中に「反省をする」という反応は残念ながらありません。

お母さんが「宿題は？」と言った時に、子どもが、

「今やろうと思っていたのに、お母さんがそんなこと言うからやる気がなくなった」

と逆ギレするのは自然な反応なのです。黙り込んでしまうのも仕方がありません。

「もう終わったよ」

とすぐにばれる嘘をつくのも子どもが悪いのではなく、お母さんが言わせているのです。それなのに宿題をやっていないとばれた時に、

「嘘つきは泥棒の始まりだから！」

と、さらにお説教を重ねると、子どもの心はますます離れていきます。

「じゃあ、いったいどう言えばよいの？」

ともし、今あなたが逆ギレしそうになっているのなら、私の文章の書き方がちょっと直球すぎたのかもしれません。

では、直球を投げないで注意するためにはどうしたらよいのでしょうか。

答えは、変化球を投げることです。もしお子さんが、宿題をせずにテレビやゲームに没頭していたら、笑顔でこう言ってみてください。

「あ、もう宿題終わったんだね。さすがだね」

と必ず笑顔で言ってください。決して嫌味っぽく言わないことが大事です。そうするとお子さんはきっと、

「うん、今からやるところ」

と立ち上がるでしょう。

子育ての中で、お子さんとよい関係を続けていきたければ、たくさんの変化球を持つことです。子育ての中では子どもに教えなければならないルール、禁止しなければならないことがたくさんあります。それらをすべて直球で伝えると、反発されたり、殻にこもられたり、嘘をつかれたりします。そうすると親子の信頼関係は少しずつ失われます。そして中学生になる頃、反抗期としてしっぺ返しがやってきます。

子どもが小さい時からなるべく直球を投げず、いろいろな変化球で子どもとの関係を続ければ、穏やかに反抗期が過ぎていくでしょう。

7 チョコアイスの法則

夏になると、アイスクリームがおいしい季節になります。バーのついたチョコアイス、暑い時期に食べるのは、ちょっと難しいですね。周りのチョコはパリパリしていても、中のアイスが溶け出してくるとチョココーティングが崩れて落ちたりします。

そんな経験はありませんか。

チョコアイスを食べる時に、私がいつも思うことがあります。

「チョココーティングがいくらおいしくても、中のアイスがまずかったり溶けていたりすると台無し」ということです。


ここで強引かもしれませんが、子育てをチョコアイスにたとえてみましょう。

周りのチョココーティングは「子育てのノウハウ」です。どの問題集をやらせたら賢い子になるかとか、子どものためになるテレビ番組は○○とか。ある有名人が子どもの時に△△のおもちゃを使っていた、と聞くとそのおもちゃが売り切れたりもします。

一方、中のアイスクリームは「子育ての軸」です。お母さんが子育てで何を大切にするかという信念とも呼べる部分です。

本やネットに出てくる情報のほとんどは、「ノウハウ」です。すぐに取り入れられそうなノウハウもたくさんありますから、真似してみたことのある方も多いでしょう。でも、いくらノウハウを真似してもうまくいかないばかりか、子どもが嫌がったり、親子でバトルになったりしたことがあると思います。

ノウハウは、あの子には合うけれど、我が子には合わないということがあるからです。あのお母さんにはできても、私にはできないというものもあるでしょう。

そして、**ノウハウをいくら真似ても、中のアイス（子育ての軸）がしっかり冷えて固まっていないと、チョココーティング（ノウハウ）は崩れ落ちてしまいます。**

「子どもをたくさん抱っこしてあげましょう」と書いてある育児書はたくさんありますが、子どもによってはいつも抱っこしてもらうことで、歩くのが苦手になってしまうこともあるかもしれません。

大事なのは「親の愛情を伝える」ことです。確かに、抱っこすることで愛情を伝えることができます。しかし、お母さんが不機嫌なまま子どもを抱っこしていても十分な愛情は伝わりません。

また、抱っこ以外で十分に愛情が伝わっていれば、腱鞘炎になってまで抱っこする必要はないでしょう。

「どのような気持ちで、どのような信念で抱っこするか」が子育ての軸になります。そんなアイスの部分まで書いてある育児書やネット情報は皆無といってよいでしょう。

また、ひと口でアイスクリームといっても、いろいろな種類があります。原材料の違いによって、ラクトアイス、アイスミルク、アイスクリームがあります。味もお値段も違います。子育ての軸であるアイスクリームをよい原材料を使ってしっかり冷やし固めれば、チョココーティング（ノウハウ）は、自分の好みで選んでよいのです。ミルクチョコでも、ブラックチョコでも。アーモンドクランチで飾ってもよいし、コーンフレークをかけてもよいでしょう。

自分で自由にアレンジできるからこそ、子育ては楽しいのです。人の子育てのノウハウだけを真似ても、苦しいだけで楽しくはないでしょう。

子育ての軸を固めるまでは苦労もありますが、いったんできてしまえば、その後の子育てはオリジナリティーあふれる楽しいものになるでしょう。そんな日が来るよう、おいしいアイス作りに励んでください。

8 天秤にかける

夜寝る前の絵本タイムを、楽しみにしているお子さんは多いでしょう。親にとっても楽しい時間です。もう1冊もう1冊と読むうちに、寝る時間が来てしまいました。

そんな時に、

「もう1冊読んで」

とお子さんからせがまれたら、あなたはどうしますか。

「もう寝る時間だから絵本は明日にしましょう」

と言って電気を消しますか。それとも、

「じゃあ、もう1冊読みましょう」

と言ってもう1冊読みますか。

この場合、どちらが正しいとも言えません。時間どおりに寝ることは大切なことだし、子どもにとって絵本タイムは幸せなひとときです。

そんな時私は、「天秤にかける」ことをします。

「絵本をもう1冊読んで少し遅くなるけれど子どもが喜ぶ」ことと、「時間どおりにきっちり寝て、明日の朝はすっきりと起きる」ことを天秤にかけて、自分と子どもにとってどちらが大切かを判断するのです。自分の子育ての軸がしっかりしていたら、すんなりとどちらかを選ぶことができます。

私の場合は、「寝る時間を守る」をいつも優先していました。次の日の朝のスタートをスムーズにしたかったからです。もちろんそれが絶対的に正しいわけではありません。子どもたちは夜寝る時には、「もう少し絵本を読んでいたかった」という不満を抱えながら眠りについていたのかもしれません。

いずれにしても大切なのは、**「子育てにベストはない」ことを受け入れることです。**絵本を満足するまで読んで、早く寝て、翌朝すっきり起きる、これらをすべて満たすのは至難の業だと思います。それでもベストを目指そうとすると、どんどん自分を追い込んでしまい、苦しくなるばかりです。

それよりも、「ベター」で満足することを覚えたほうが、親も子も幸せになれます。

「天秤にかける」思考法は、子育てだけではなく、日常生活でも使えます。例えば、目の前においしいケーキがあるとします。もちろん「食べたい」という気持ちになります。しかし、食べたいという本能だけで、いつも食べたいものを食べたいだけ食べていると、病気になってしまいます。

だから、ケーキを目の前にして天秤にかけてみましょう。「食べたらどれくらい幸せになれるか」と「健康に及ぼす影響」を天秤にかけるのです。これが無意識のうちにできるようになると、「この1週間ケーキを食べる機会が多かったので、今日はやめておこう」という判断が無理なくできるようになります。

自分が行動する時に、「天秤にかける」を常にチェックするようになると、無駄な行動や後悔する行動が少なくなります。たまには、やらなくてはならないことを「あえてやらない」判断をすることがあるかもしれません。たとえそうであっても、それが天秤にかけた結果やらないことを自分で選んだのなら、後悔することはないのです。

普段から「ああすればよかった」「こうすれば失敗しなかったのに」と後悔することが多い人は、ぜひ自分の心の中の天秤を意識してください。

9 子育て中の親の役目

子育て中の親の役目はたくさんありますが、子どもの能力を伸ばすためには、手出し口出しはあまりしないほうがよいと思います。

最近は「ヘリコプターペアレンツ」という言葉があります。常に子どもの頭上から子どもを見張って、子どもが困った時には、ヘリコプターからロープを垂らして降りて助けるように、子どもに手出し口出しをする親だそうです。一見子ども思いのよい親のように思えますが、子どもが自分自身で困難を乗り越える前に親が助けてしまうと、子どもが成長するチャンスを奪ってしまいます。

だからといって、親が子どもを放置して何もしないと子どもは学ぶことができません。そのバランスが難しいところです。

私は、子どもの能力を伸ばすために、親ができることは2つあると思っています。

1　情報を集めること
2　環境を整えること

子ども自身の能力がどれだけ高くても、園児や小学生の間は自分で情報を集めることはできません。だから親が適切な情報を集めて、子どもに提供する必要があります。

現代は情報が多すぎる時代です。「情報を探す」というよりも、「たくさんの情報の中から必要な情報だけをピックアップする」能力が必要になります。あれもいいこれもいいとたくさん情報を集めすぎて、そのすべてを子どもにやらせようとすると、子どもが重圧に押しつぶされてしまいます。そうならないために、親がするのは情報を集めて子どもの前に出すまでで、やるかやらないかを決めるのは子ども自身にさせてあげましょう。

そして次は「環境を整える」です。

もし、隣町で子どもの好きそうなイベントを見つけたとします。そこへ連れて行き、一緒に参加し、連れて帰ることが必要です。参加費が必要であれば、それも親が用意しなければなりません。もしそれが、毎週参加する習い事であれば、親の時間的経済的負担は増えます。しかしそういった環境が整わないと、子どもは参加することができません。**子どものための情報を見つけた時には、「環境を整えることができるかどうか」を確認してから子どもに提案するようにしましょう。**

私自身、3人の子どもたちのためにいろいろなイベントやキャンプや勉強会などの情報を集めました。子どもたちに提案して、子どもが「やる」といったものも、「やらない」といったものもあります。

「算数オリンピックというのがあるけど、参加してみない？」

という提案をした時、2人の息子たちは即座に、

「参加する！」

と乗り気でした。それから毎年、算数オリンピックに参加するのを楽しみに準備をしていました。娘にも同じ提案をしましたが、1回参加したきり、

「来年からは参加しない」

と言ったので、その後、娘は参加していません。最終的に娘は大学の数学科に進んだので、その時（小学2年生）の自分の選択を後悔しているようですが、後悔先に立たずです。私自身は、娘の選択を応援するだけのスタンスですから後悔はありません。

10 よじ登る子育てVS翼をつける子育て

現代の子育ては、「山をよじ登る子育て」になっていると思います。幼い時から山の頂上を目指し、「幼児塾」「小学校受験」「中学受験」「高校受験」「大学受験」と、周りの子どもたちと競争するように、よじ登ることを強制させられているように感じます。隣の子が少しでも上によじ登れば、我が子も負けないようにお尻を叩き、お尻を持ち上げ、上を目指しているように思えて仕方がないのです。

私自身、子どもが生まれた時に「よじ登る子育て」はしたくないと思いました。私は山登りをしたことがありませんが、苦しそうなイメージしかないからです。

よじ登る代わりに、「子どもに翼をつける子育て」をしようと決めました。背中に翼があれば、よじ登ることなく自由に空を羽ばたけると感じたからです。人と争う必要もありません。きっと我が子たちは自由に生きていけると思ったのです。

あれから25年が過ぎ、子どもたちは大人になりました。私が今感じるのは、3人とも自分の力で羽ばたいているということです。**自分で考え、自分で目標を設定し、自分で実践する、失敗したら自分で責任を取る**、これらのことを悠々と成し遂げています。私自身はお尻を叩かれ、よじ登る子ども時代を過ごしましたから、うらやましくさえあります。

「翼をつける子育て」のために、必要なのが「教えない子育て」です。ぜひ「教えない子育て」を取り入れてお子さんを羽ばたかせてあげてください。

次の章では、我が子たちだけではなく、「教えない子育て」を実践した母子さんたちの記録をお伝えします。その母子さんたちは、明日のあなたかもしれません。ぜひ自分に置き換えて読んでみてください。

第6章

「教えない子育て」を実践した親たちの声

「教えない子育て」を実践すると子どもはこうなります

ここまで「教えない子育てで身につけてほしい力」「教えることと、教えないこと」をお伝えしてきました。

もしあなたが「教えない子育て」の内容に共感し、自分でも取り入れてみようと思われたなら、ぜひ今日からチャレンジしてみてください。

私自身、3人の子どもを「教えない子育て」で育ててきました。3人とも、自分で考え、自分で行動し、自分で責任を取る大人になってきたと思っています。幼稚園から大学受験に至るまで、塾に通うこともなく、自分で学び自分で進路を決めてきました。そんな経験を子育て中のお母さんにお伝えするために、私は母学アカデミーをつくりました。

しかし、中にはこんなことを言う方もいらっしゃいます。

「それは河村京子のお子さんだからできたのでしょう」

「もともとの遺伝子が違うのですよ」

「東大、京大、ロンドン大学なんて、教えない子育てをしただけで入れるわけありません」

「はじめに」でも書きましたが、私は「子育ては科学」だと思っています。つまり、再現性があるのです。


もちろん親にも子どもにも個性がありますから、全く同じように育つわけではありません。しかし、子育ての本質的なところは普遍だと信じています。特に、「教えない子育て」をすれば子どもは自分で考える力をつけ、「教え込む子育て」をすれば子どもは自分で考えることをやめてしまう。ここは母親の個性で変わるものではなく、普遍です。ただ、どんな母親にとっても「教えず、子どもを信じて見守る」こと自体が、非常に困難なのです。

ですからこの章では、実際に「教えない子育て」をされたお母さんたちの実例をそのままお伝えしようと思います。私でなくても、母親であれば誰でもできることなのです。

あなたが今からチャレンジしようとする「教えない子育て」がどんな結果をもたらすのか、それがわからないと不安になると思います。「教えない子育て」をするとこんなふうになれる！　そんな見本があるときっと励みになると思います。

次の頁からお伝えする実例は、母学に入られて3カ月から3年のお母様方です。

「え？　たった3カ月で本当に変われるの？」

と不思議に思われるかもしれません。

私はいつも「**お母さんが変われば子どもはその日から変わる**」とお伝えしています。

人間は心が変われば、一瞬で行動も変わります。

この本で私がお伝えしている「教えない子育て」の本質を読み取ってくださったあなたなら、きっと今日から変われます。それを信じてチャレンジしてください。

1 我が子を信じて見守るだけで

（年中男子）

昔の息子は場所見知りがあり、はじめての場や久しぶりの場では、慣れるまで時間がかかる子でした。そして超慎重派！　色々とスローペースで親としては心配していました。

母学アカデミーに入って、

「生活の中でとにかく、教えないで生産を意識してみて」

「大丈夫よ！」

という言葉が私を変えて、息子を変えてくれました。

「そっか！　大丈夫なんだ！」

そう思って息子を見守るようになってから、いつの間にか息子は自分の力をいつでもどこででもちゃんと発揮できるようになっていました。正直、私は特に何もしていません。それまでのほうがあれこれしていたと思います。

母学を始めて10カ月後のこと。幼稚園の先生から、

「意外と度胸があって、本番に強いですね！」

と言われた時は、

「え、そうなんですか？？」

と聞き返してしまいました。

他にもはじめてのお友達ばかりのキャンプイベントで、親元を離れ、その日初めて出会った先生と一緒に楽しそうに活動したり、体験入学で初めて訪れた小学校でも、手を挙げて発言したり、ピアノの発表では、いつでも一番初めに挙手して発表したり。

母学アカデミーで「教えない子育て」を始めてから、そんな頼もしい息子を見つけることが増えました。

私がやったことは、教えないで生産を意識し、あとは我が子を信じて見守っただけです。

「我が子を信じて見守る」。言葉にすると簡単そうですが、実際の生活の中で子どもを信じることは難しいのです。

目の前でぐずぐずしている子どもを見ると、将来大人になってもぐずぐずしてしまうのではないか、と不安になります。その不安を押しのけて、「この子は大丈夫!」と信じるためには親の覚悟と決断が必要です。

覚悟とは、「今の失敗には目をつぶる」ことであり、決断とは、「今は失敗しても焦らない」ことです。

1人で子育てをしていると、どうしても不安が先に立ちます。信じることが難しくなるのです。しかし、子育ての先輩(著者も含む)の実績や、子育て仲間の情報交換があると、不安は消え去ります。

この本を読んで「教えない子育て」を始めようとしているあなた、ここに出てくるお母さんたちも最初は不安でした。でも我が子を信じて見守る覚悟と決断をしたことで、晴れ晴れしい成果が出ています。勇気を出して一歩を踏み出してください。

2 考えることを楽しむ感覚

（年中男子）

知識は教えるけれど、思考は教えないという母学の「教えない子育て」を貫いてきました。その結果、息子は考えることが日常になりました。

・水をコップに入れすぎるとどうなるのか
・お皿を下に落とすとどうなるのか
・水溜りに入ってジャンプするとどうなるのか
・砂はどうすると固まるのか

どれも小さなことですが、そういうことはすべて体験してもらいました。その経験はどれも考えることに繋がり、息子はいつも「なんで？」を考えるように。

「なんでだろうねえ」

と返すのが私の定番ですが、

「わかった！　○○だからだよ！」

と息子は自由な発想でいろんな可能性を考えています。結果、常識にとらわれず、考えること、想像することって楽しいということを学んでいます。


コップに水を入れすぎてこぼれたら困るし、お皿を落として割ると後片付けが大変です。水たまりでジャンプすると泥だらけになるし、砂遊びをすると砂だらけになります。どれもお母さんにとってはなるべく避けて通りたいことです。

「教えない子育て」は、体験することによって体で覚えさせる子育てですから、本当にめんどうくさいです。しかし、このお母さんのようにあえてめんどうくさい体験をたくさんさせることで、子どもの可能性を広げることができるのです。


将来お子さんが、常識にとらわれず、考えること、想像することを駆使して生き生きと仕事や生活をしてくれたら、親にとってこんなに嬉しいことはありません。その片鱗がわずか5歳で見えたら、子育てはますます楽しくなりますね。

3 指しゃぶり、どうやってやめさせる？

（4歳女子）

教えない子育てを心がけていて1番驚いたのは、当時年少（4歳前後）だった長女が寝る時にいつも指しゃぶりをしていたので、そろそろやめさせたほうがよいのかもと思った時のことです。

ある日、お昼寝の時に周りの子が誰も指しゃぶりをしていないからと、自分で考えてやめることができたことを報告してくれたのです。

それ以降、パタリとやめました。「教えない子育て」に出会う前なら確実に、

「恥ずかしいから指しゃぶりはやめなさい」

と言ってしまって、やめさせるどころか幼い心を傷つけていたと思います。

教えなかったからこそ、自分で考えて周りの状況などから判断して行動できるよう

になったことに感動しました。

我が子が3歳や4歳になっても指しゃぶりをしていると、親は気になります。「恥ずかしいからやめなさい」と言いたくなります。昔は指に辛子を塗ってやめさせたという話も聞いたことがあります。

果たして指しゃぶりは「親が恥ずかしいから」やめさせるものでしょうか。そうではないと思います。指しゃぶりのほかに、爪噛みやチックなども、親のためにやめさせるというのは間違っています。

子ども自身が「やめる」ことを自分で考えるのが大事なのではないでしょうか。

4 物怖じせずに、自分の考えていることを論理立てて話す幼稚園児

（年長男子）

母学で「教えない子育て」を学んで、一番子どもが変わったと思ったできごとは、「物怖じせずに、人前で、自分の考えていることを論理立てて話すことができるようになった」ことです。

先生に○○をしてほしい時、漠然と「○○して」と伝えるのではなく、「僕は○○したい。でも、ここが～だからできない。先生、○○ができるように△△してください」と伝えているそうです。

先生が「年長クラスで、そのような発言をする子を見たことがない」と驚き、私に教えてくださり、初めて私は、「そうか、論理立てて話すことって、誰にでもできることではないのか……」と気づきました。

それから、体験と知識がリンクしているようで、例えば、「ゆ」というひらがなを『ゆ』という、ひらがなを覚える」という机上の学問で受け取るのではなく、「温泉の『ゆ』。温かくて気持ちいい。お父さんと、ラムネを飲む、楽しい時間もある。でも、お風呂ではしゃぐと、他の人にぶつかって危ないから、はしゃいではいけない」という覚え方をしているようです。

また、先生から、子どもについて「とにかく、一つひとつが、とてもていねい。どういう接し方をすると、このようにていねいになるのか、知りたいです」と誉めていただいています。

普通、「論理立てて考える」ことができるようになるのは9歳くらいからといわれています。もちろんその前から少しずつできるようになるのですが、「教えない子育て」をして子どもに考えさせることが日常になると、自然に論理立てて考えることができるようになります。「教える子育て」では子ども自身が考える必要がなくなりますので、「論理立てる」ことは難しくなります。

5 小刀で鉛筆を削る

（年長男子）

昨日、年長次男が鉛筆を削ると言い出しました。

私は、小刀と鉛筆削りを見せて、選ばせました。私自身は、当然鉛筆削りを選ぶと予想していました。

しかし、次男は、小刀を選び、鉛筆を初めて削り出しました。初めてとは思えない美しい仕上がりに、家族みんなで、驚きました。

次男は3月末生まれですし、手先は器用なほうではないです。

次男が、ラクではないほうを選び、作業を楽しむ姿に、日々の「教えない子育て」の積み重ねの結果が見えたようで感慨深いです。

もし、このお母さんが、

「幼稚園児が小刀を使うのは危ないからやめなさい」

と言っていたら、この子は小刀で鉛筆を削ることはなかったでしょう。それどころか、お母さんが小刀を出さなければ、「小刀」という言葉さえ知らないままだったでしょう。

「教えない子育て」では危ないものを遠ざけるのではなく、「危険」を教えて気をつけて使わせるようにします。少し手を切ってしまうことがあるかもしれません。でもその痛みで子どもは刃物の危険性を知り、より気をつけるようになるのです。

確かに最初は勇気が必要です。その最初のハードルを乗り越えるかどうかは、お母さんの覚悟にかかっています。

6 0から新しいアイデアを作り出す

（小学2年生男子）

母学を学んで、子どもが変わったことは、「教えない子育て」を意識することになり、0から新しいアイデアを生み出すことが好きな子どもになったことです。

小2長男は、夕飯を食べている最中に、

「ママ～！　聞いて！　アイデアがあふれて仕方ない」

と言って、頭に浮かんだことについて、説明をはじめます。言葉では消えてしまうので、絵に描いてもらいます。

緻密な絵をどんどん描き、色鉛筆で細かく色づけしていきます。その絵をもとに、どんなアイデアなのか、説明してくれます。

子どもたちは、自分にできないことはないと心から信じているのでしょう。

「教えない子育て」で、自分で考えることを覚えた子どもは、自分にできないことはないと自信を持ちます。自分に自信が持てると、たとえ失敗したとしてもへこみません。

「自分はきっとできる。だからもう一度やってみよう」とへこたれずに何度でもチャレンジする子どもになります。

いつも正解を求めている子は、自信を持つことができません。その答えが正解なのかどうかがわからないからです。

「新しいアイデアを0から生み出す」ことに正解はありませんから、自信を持つことができるのです。

7 自分でサクサク進める

（小学４年生男子）

夏休み、友達と科学館へ行く約束をしました。

我が家は田舎なので、電車で友達と遠出することに慣れない子が多いのです。

約束はしてきたものの、「うちは心配だからやめておく」というご家庭や、「電車に乗り慣れていないから、あらかじめシミュレーション」されたご家庭もあります。息子も時刻表を眺めながら、計画は立てたものの、乗り換えが多く、迷う可能性も。

しかし、息子は、

「大丈夫、迷ったら駅員さんに聞くから」

と、自分で計画を立てていました。そして、開始時刻がわからなかったイベントについても、

「科学館に電話して聞くわ」

と、サクサクと進めていきました。

うちの息子は今のところ、前に出るタイプではありません。しかし、やりたいことは自分の力で切り開く、強い意志を持った子に育っていると感じています。

自分のやったことがないこと、行ったことがない場所については、大人でも不安になります。田舎の小学4年生が、行ったことのない都会に自分で電車を調べ、乗り換え、子どもだけで行くことは勇気がいることです。私たち大人が、1人で海外へ行くようなものです。

そして、親はどうしても「子どもの安全」を守ろうとします。これは当然のことです。しかし、あまりにも安全を重視しすぎて冒険をさせないと、子どもは自分で考えることを放棄してしまいます。「冒険」と「安全」のバランスをとることも親の役目の一つなのです。

8 中学生の最大の反抗期対策

（中学2年生女子）

中2長女のことです。母学アカデミーで「教えない子育て」を学び始めたのが、彼女が小5の夏。すでに思春期に少しさしかかっていましたが、教えない子育てを心がけてきました。

中学に入り、宿題が終わらずに夜の12時過ぎてから就寝することが増え、心配していましたが、心配する気持ちだけ伝えて、あとは自主性に任せていました。

ある時、少しずつ上がっていた定期テストの成績が一気に下がったことがありました。そこからなかなか回復せず、長期休校に入りました。

それを私はチャンスととらえて、「今までずっとあなたのやり方を尊重してきたけれど、なかなか成績に繋がらないよね。一生懸命勉強しているのはわかっているよ。

だから、少しやり方を変えてみない？」と、長女に提案しました。

まずは、習慣を変えようと、22時〜23時には就寝して、朝は休みでも7時までには起床し、近くの公園でランニングやウォーキングすることを始めました。そして、私が仕事に出かけた後、午前中は勉強していたようです。

いざ、休み明けのまとめのテストでは、今までで一番よい5教科合計点数を取ることができました。部活の部長に立候補したり、卒業後に海外に行く夢を具現化し始めたりと、親の私から見ても眩しいくらいの変化です。

私が教えなくても、子どもは自己肯定感を高く持って、成功体験を積み重ねていけば、自ずと羽ばたく時期が来るのだと実感したできごとでした。

中学2年生といえば、反抗期の真っ盛り。親が何を言っても、「うるさい」「別に」「フッー」だけの会話になっているイメージです。

私は「反抗期は、それまでの子育ての通知表」だと思っています。「教え込む子育て」で、子どもにあれをしなさい、これをしなさいと命令ばかりしてきたら、子どもは物心ついてから中学生までずっとストレスをため続けてきたことになります。小さい時には親に反抗もできませんが、体が大きくなり、言葉が達者になり、頭も鍛えられてくると、今までため込んできた親への不満を一気に爆発させるのです。それが反抗期だと思っています。

よく、「反抗期はあるのが当たり前。反抗期がないと後が心配」などと言われますが、それは「押しつける子育て」を肯定している大人の言うことだと思います。小さい時から「教えない子育て」で子どもの意見を尊重して育てれば、中学生になっても親に反抗する理由がないのです。

反抗期があっていけないことはないと思います。しかし、反抗期が穏やかに過ぎ去ったほうが、親も子も幸せではないでしょうか。子どもが中学生になってからでは遅いかもしれませんが、なるべく早い時点で「教えない子育て」を始めるのが、最大の反抗期対策だと思います。

第7章

子どもになってほしい姿に
まず親がなる

「子どもになってほしい姿に まず親がなる」ということ

ここまで、「教えない子育て」についてお伝えしてきました。この本を読み始める前に「教えない子育ての方法」を期待されていた方は、少し戸惑われたかもしれません。子育ての方法のつもりが、自分自身の生き方にも踏み込む内容がかなり含まれているからです。

よく「育児は育自」といわれます。**子どもを育てることを通して、自分自身を育てるという意味です。**

私自身、子育てを通して1人の人間として成長させてもらったと思っています。短気で独りよがりでわがままだった私が、3人の子どもを産んで育てる中で、辛抱強く、子どものことを考え、感情をコントロールすることを学ばせてもらったからです。

だから、「子育て」と「自分育て」を分けて考えることは、私には難しいのです。

最後のこの章では、私が母学を学んでいるお母さんたちに、いつも呪文のように唱えている「子どもになってほしい姿にまず親がなる」についてお伝えします。

「子育て」というと、子どもにあれこれ指示を出し、行動させるというイメージがありますが、そうではありません。**「子どもは親の背を見て育つ」というように、親の生き方、考え方がすべて子どもに伝わります。**だからこそ、親が自分自身に納得することが大事なのです。

いつでもどこでも立派な親である必要はないと思います。失敗をしても、手抜きをしても、ぬるい親であってもよいのです。そんな自分に自分自身が納得していればよいのです。

あなたは自分自身に納得していますか。もし納得できない部分があるならば、この章を読んで参考にしてください。

1 一番先に一番前の席に座る

私は時々、講演会でお話をさせていただく機会があります。50人の会場でも100人以上の会場でも、最初に来た方は大抵3列目に座られます。その後の方々はその後ろに座っていかれるので、前の2列は空いたままということがよくあります。講演をする側としてはとても寂しい思いです。

「私って怖いのかな?」

と反省したりもします。でもそれは私が怖いからでも私が嫌いだからでもなく、謙虚からくる行動だと思っています。

「自分が1番前に陣取るのは申し訳ない」

「後の方のために前の席は空けておこう」

こんな優しい心遣いから出る行動です。

しかしながら、「講演会に参加する目的」を忘れてはいけません。講演会に参加する目的は、「講師の話を聞いて生活に役立たせる」ことです。

講師の先生の話を聞く時に、**１番前で目を合わせながら聞くのと、後ろの席で前の人の頭に邪魔されながら遠くから講師の先生の姿を拝むのでは、同じ話でも理解度は大きく変わります。**

同じ時間とお金を使うのならば、少しでも収穫が大きいほうがよいと思います。だからこそなるべく早く到着し、１番前の席をキープすることが深い学びにつながるのです。

講演会だけではなく、習い事でもボランティアでも、早く到着し心を整えて開始を待つことが、自分の収穫につながります。

そして、そんな学びの姿を子どもは感じ取っています。子どもが将来仕事をする時、与えられた仕事をこなすだけではなく、自分から率先して前向きに進めていく姿勢は、親の姿にかかっているように思います。

2 ホームとアウェイの対処法

サッカーJリーグの試合には「ホーム」と「アウェイ」があります。つまり、自分の本拠地でする試合が「ホーム」、相手の本拠地に行ってする試合が「アウェイ」です。どちらの試合が有利かというと当然「ホーム」です。

その理由は大きく分けると2つあります。

1　応援してくれるファンが多い

2　慣れ親しんだグラウンドである

Jリーグのチームの本拠地には、たくさんのファンがいます。試合にはそのファンが応援に来てくれますから、「ホーム」での試合では相手チームよりたくさんの応援があります。だから試合を有利に進めることができるのです。

またいつも使っているグラウンドであれば、地面の様子や風向きや光の当たり方など熟知しています。相手方「アウェイ」では、慣れないこともあって実力が出し切れないこともあるでしょう。

「ホーム」のほうが有利に試合を進められるということは理解していただけると思います。

ところで、私たちの生活でも「ホーム」と「アウェイ」があります。例えば、子どもがお友達と遊ぶ時、お友達を我が家に招けば「ホーム」、お友達の家に遊びに行けば「アウェイ」になります。子どもがお友達と遊ぶ時には、たとえ「アウェイ」であっても新鮮味があって楽しいでしょう。

しかし、自分の仕事の場や学びの場では「ホーム」と「アウェイ」では、成果に大きな差が出ます。なるべく「ホーム」で大きな成果を出したいものです。しかし、いつも我が家で仕事をする、我が家で勉強するというわけにはいきません。出かけて行って、仕事や勉強をするということが大多数であるからです。

では、初めて訪れる場所で仕事や学びの場があったとします。初めて訪れる場所ですから「アウェイ」です。初めてというのは誰でも緊張しますから、実力を出し切れるかどうか不安になるでしょう。

こんな時に、**「アウェイ」を「ホーム」に近づける方法があります。早めにその場所に行って自分の体と心を慣らすのです。**

私の場合、仕事で日本各地を訪れ、講演会やセミナーを開催しています。当然初めての場所も多いわけです。その時に私が気をつけているのは、「1時間前には会場に到着し、その場所になれる」ことです。

不思議なことに1時間その場所で過ごすと、自然とその場所が「ホーム」になるのです。そこで参加者を出迎えると、「我が家へようこそ」という気持ちになるから不思議です。

小学校の宿泊学習の時に、「5分前行動」を先生から学びました。その時には、なぜ集合時間より早く行かなければならないのか不思議でした。しかし、今だったら先生の意図がよくわかります。早めに集合して心と体を整えることが、次の行動を効率的に進めるために有効ということです。

友達と待ち合わせる時に、必ず遅れてくる人と、早めに来る人がいます。早めに来る人は結局長い時間待たなくてはならず無駄な時間を過ごしているようですが、そうではないと思います。早くからその場にいることで、気持ちが「ホーム」になり、その場の空気をコントロールすることができるのです。

遅れてきた人は、すでにできあがった空気にコントロールされますから「アウェイ」になり、居心地が悪いでしょう。友達とのランチの待ち合わせであれば、それでも問題はありません。しかし、仕事であれば、その場の空気をコントロールすることができるほうが有利な結果になります。

集合時間に遅れるか早く着くかは、習慣なのでなかなか変えることができません。友達とのランチに遅れる人は、仕事でもギリギリ到着になりやすいです。

我が子が将来、自分で仕事をコントロールできるためには、その場の空気を「ホーム」にすることが必須です。そのためには、親であるあなたが集合場所に早めに到着する習慣をつけるのが近道です。

3 継続する

「今日からダイエットする！」

女性であればそう決心したことのある人が、大多数ではないでしょうか。もちろん、私もその1人です。

では、その決心が守れた人は、どれくらいいるでしょうか。ダイエットの決意を聞いたことは何度もありますが、結果を報告してくれた人は今までに1人もいません（笑）。

ダイエットを決心したその日は、甘いものを控え、がんばれるでしょう。2日目も何とかがんばれるでしょう。しかし、3日目においしそうな苺ショートケーキが目の前に現れたら、決心は大きく揺らぐのではないでしょうか。そして、「ちょっとぐらいいいよね」という言い訳とともに、ケーキに手を出してしまうのです。これを三日坊主といいます。

誰も三日坊主になりたくてなる人はいません。「継続したい」と思ってはいても、三日坊主になってしまうのです。どうしてでしょうか。あのダイエットの決心は嘘だったのでしょうか。

決心が嘘だったわけではありません。そして心が弱いからでもないのです。私は、それが脳の仕組みだと思っています。人間の脳は「保守的」です。つまり、変わりたくないのです。変わるためには大きなエネルギーが必要です。脳は効率的に働くことを大事にしますから、大きなエネルギーが必要なことを必死でやめさせようとします。その結果が三日坊主なのです。

私は、**三日坊主にならず継続のためにしていることがあります。それは、「自分の脳は他人」と思うことです。**「自分の脳は自分のものでしょう」と思われるかもしれません。しかし、自分でコントロールできないという点においては、自分のものではないと思うのです。

ダイエットなど自分を変えるということは、自分の脳との戦いだと私は思っています。脳が変わることを恐れて三日坊主という手を使ってきた時に、

「自分の脳に負けてたまるか」

と戦うこともありますし、たとえ三日坊主でケーキに手を出したとしても、

「自分は意思が弱くてだめな人間だ」

とは思わずに、

「今日はたまたまケーキを食べてしまったけれど、明日からまたがんばろう」

と思うようにしています。そして、また翌日から始めるのです。

そんなことを何回か繰り返すと、とうとう脳がギブアップして、ダイエットが習慣化します。そして、少しでもウエストが細くなると、それが成功体験になります。鏡で見える自分のウエストが細くなると嬉しいので、次の日からますますダイエットが楽しくなります。

それを続けていると、保守的な脳は、今度はダイエットをすることが普通になるのです。そうなったらしめたものです。よく「21日経つと習慣化する」といわれますが、21日かどうかはわかりませんが、習慣化する仕組みはそのとおりだと思います。

「継続は力なり」といいます。我が子にも、意思の強い継続する大人に育ってほしいと思われることでしょう。そうであれば、自分自身が「継続」を自分のものにするチャレンジをしてみましょう。

絶対に失敗しない方法は、諦めないことです。諦めなければ失敗はありません。三日坊主になったとしても、４日目から再スタートすれば問題ありません。何度も繰り返して自分の脳と戦ってください。

自分の脳に勝利した時、「継続」というご褒美をもらえるのです。

おわりに

最後まで読んでいただき、ありがとうございます。

「教えない子育てを、自分もやってみよう」

と思ってくださった方も、

「教えない子育てがよいのはわかったけれども、すべてを取り入れるのは不安」

と思われた方もあるでしょう。それでよいと思います。

子育ての原理原則を学んで、そのうえでアレンジして、オリジナリティのある子育てをしていただきたいと思います。

私自身はすでに子育てがほとんど終わり、今は自分の子育て経験を次の世代のお母さんたちにお伝えしています。

継承していかなくてはならない大切なことには、必ず教科書があります。学校での学習には教科書がありますし、茶道や華道などの芸事には、師匠という生きた教科書がいらっしゃいます。

子育ては、人間の歴史が続いていくための最も重要な役割です。それなのに、今まで教科書がありませんでした。だから世の中の母親は、子育てに悩み、相談する人もなく、孤独な子育てを強いられてきたのです。私自身、手探りで孤独な子育てをしてきました。ラクな子育てではありませんでした。だからこそ、私が子育ての教科書をつくることで、あなたの子育てがラクに楽しくなる、そんなお手伝いがしたいのです。そのために、私は子育ての学校「母学《ははがく》アカデミー」をつくりました。現在、1000人以上のお母さんが子育てを学ばれています。子育ての原理原則を学べば、後は自分で自由にオリジナルな子育てができるのです。この本をきっかけに母学（ははがく）を知り、母学の仲間が増えればこの上もない幸せです。

最後に、未熟で頑固な母親に20年以上付き合ってくれた3人の子どもたちと、自由奔放な妻に30年以上付き合ってくれた夫に感謝の気持ちを伝え、この本を贈りたいと思います。

母学アカデミー　河村京子

母学《ははがく》アカデミーのご紹介

「30年後の日本のリーダーを育てる」理念のもと、手本なき時代に国際的に成功できる子どもを育てるオリジナルメソッド「母学（ははがく）」を提唱する。

2011年、2,000冊の育児書・教育書から得た知識と、３人の育児の成功や失敗の経験から考案したオリジナルメソッド【母学（ははがく）のすすめ】を開発。Webスクール、マンツーマンレッスン、動画教材で学べる「母学アカデミー」を開校。「子どもの能力を伸ばしたい」「いい子に育てたい」と願う母親たちから圧倒的な支持を得、現在までに受講者数は4,000人・世界16カ国を超える。

母学アカデミー

https://haha-gaku.com/

■読者プレゼント■

この本をご購入いただいた方に本書の中の３つのポイント解説動画のURLを無料プレゼント

応募はこちらから

https://88auto.biz/rakken039/touroku/entryform39.htm

パスワード　教えない

■著者紹介

河村　京子（かわむら　きょうこ）

1963年生まれ。東京学芸大学教育学部卒業。1989年結婚。第1子出産までの5年間で、2,000冊以上の教育書を読み、子育てを学ぶ。

1995年　長男出産
1997年　次男出産
2000年　長女出産
「教えない子育て」で3人の子育てを実践。
2011年　母学アカデミー設立
2013年　長男東京大学現役合格
2015年　次男京都大学現役合格
2016年　長女イギリス単身留学
2019年　長女ロンドン大学 UCL 現役合格
現在1,000名以上のお母さんが、通信コース・セミナー・マンツーマンレッスンで学び中。

■著書

『0歳から6歳までの 東大に受かる子どもの育て方』（KADOKAWA、2013年）
『自立心と脳力伸ばす 親も楽しむ〔後ラク〕子育て』（ハート出版、2014年）
『お金のこと、子どもにきちんと教えられますか？』（青春出版社、2016年）
『東大・京大生を育てた母親が教える つい怒ってしまうときの魔法の言い換え』（イースト・プレス、2016年）
『わが子が東大・京大に現役合格！ 子どもの学力は12歳までの「母親の言葉」で決まる。』（大和出版、2017年）
『東大・京大に合格する子は毎朝5時半に起きる』（実務教育出版、2018年）

正解のない時代に「実践できる子」を育てる
教えない子育て

令和３年２月10日　初版発行
令和３年２月20日　初版２刷

検印省略

日本法令®

〒101-0032
東京都千代田区岩本町１丁目２番19号
https://www.horei.co.jp/

著　者　河　村　京　子
発行者　青　木　健　次
編集者　岩　倉　春　光
印刷所　星野精版印刷
製本所　国　　宝　　社

（営　業）　TEL　03-6858-6967　　Eメール　syuppan@horei.co.jp
（通　販）　TEL　03-6858-6966　　Eメール　book.order@horei.co.jp
（編　集）　FAX　03-6858-6957　　Eメール　tankoubon@horei.co.jp

（バーチャルショップ）　https://www.horei.co.jp/iec/
（お詫びと訂正）　https://www.horei.co.jp/book/owabi.shtml
（書籍の追加情報）　https://www.horei.co.jp/book/osirasebook.shtml

※万一、本書の内容に誤記等が判明した場合には、上記「お詫びと訂正」に最新情報を掲載しております。ホームページに掲載されていない内容につきましては、FAX または E メールで編集までお問合せください。

・乱丁、落丁本は直接弊社出版部へお送りくだされればお取替えいたします。
・JCOPY〈出版者著作権管理機構 委託出版物〉
本書の無断複製は著作権法上での例外を除き禁じられています。複製される場合は、そのつど事前に、出版者著作権管理機構（電話 03-5244-5088、FAX 03-5244-5089、e-mail: info@jcopy.or.jp）の許諾を得てください。また、本書を代行業者等の第三者に依頼してスキャンやデジタル化することは、たとえ個人や家庭内での利用であっても一切認められておりません。

© K. Kawamura 2021. Printed in JAPAN
ISBN 978-4-539-72812-3